U0883310

建筑师伊东丰雄观察记

[日] 泷口范子　著
郝　皓　译

江苏凤凰科学技术出版社

前 言

我对伊东丰雄的观察是从 2004 年开始的。在那之前，我所了解的伊东丰雄是倡导使用玻璃、铝合金等轻型建材进行建筑工作的建筑师。虽说是建筑物，但不要在完成之后给人沉重、厚重的感觉，而是要挑战那些违背物理学原理、在视觉上给人冲击的构造。

2000 年，以建造“仙台媒体中心”为契机，伊东丰雄迎来了巨大的转机。这个建筑是由如摇摇晃晃的海藻，被称为管柱的钢骨独立轴固定而成，虽然看上去摇摇欲坠，但实际上建筑结构非常坚固，之前那种不牢固的印象完全被打破了。伊东丰雄的烦恼解除之后，至此，他告别了探索轻重量的建筑结构，开始了与之前完全不同的全新挑战。如何在像计算机程序创建的构造中探寻挑选建筑的可能性？他的研究题目变成了曲线和曲面，已经坚持的像是透明箱子般的建筑，到现在为止彻底地改变了。这种变化是伊东丰雄在 2004 年的时候感受到的。

2012 年一次偶然的机会，我决定再次观察伊东丰雄。通过这次观察，我发现伊东丰雄再次彻底改变了。由于东日本大地震，让他产生“是否只是在追求个人表现”的自我反思，这次不仅改变了伊东丰雄以往的风格，还让他突破了更大的课题。

伊东丰雄是由转机“制造”出来的建筑师。他经常探寻对他自己来说的未知世界，并且不断地进行挑战。那时，他没有丝毫犹豫，放弃过去，挑战未来。说不定他就是一个善于捕捉机会的敏锐的机会主义者。为了寻找属于自己的转机，贪婪地利用每一个机会，也许这也是建筑师应有的状态之一吧。

对伊东丰雄而言，2012 年应该是“到现在为止他人生中最忙的时期”吧。为了在灾区建造小有规模的“大家的家园”而四处奔走，几乎每个周末都要为了“伊东培训学校”而花费精力。伊东培训学校是伊东丰雄经过长年构想而建立的培训学校，这里不是进行大学教育的场所，也不是像工作室那样的工作场所，这所学校只是为了单纯地探讨建筑的相关问题。除此之外，他还做了很多事情。

伊东丰雄在 40 岁左右时接受过某杂志的采访，他曾说过，同时代的建筑师中“提高了”的人变多了。他们觉得保持自己现在的程度就行了。但是，伊东丰雄还没有“提高”，他的挑战还在继续。

泷口范子

目录

陆前高田 1

2012 年 5 月 24 日下午 2 点，伊东丰雄在岩手县的陆前高田市内的一个小山丘上，召开了野外会议。

站在山丘上眺望陆前高田市内的风景，细长的道路和渺小的住宅区划分线残留在荒凉的平原上，只有还没安装玻璃的大厦正在修建着。遥望对面，是霞光映照的连绵群山，而眼前却是几座“矗立”在狭小的平原上的瓦砾堆积而成的小山。2011 年 3 月，袭击东日本的大海啸从陆前高田的海湾涌入市内，以市役所（即政府办公厅）为首，车站、商店、住宅无一幸免地被海啸“冲洗”了。海啸同样袭击了这座山脚下正在修建的房屋，虽然残存的瓦砾几乎被收拾好了，但是现在一点生活的气息都感觉不到了。从山丘到陆地一侧，再到神社和中学学校，只有这一带的建筑勉强残存下来。

伊东丰雄他们开会的目的是确定准备在这里建造的“大家的家园”的最终策划方案。设计者是三位年轻的建筑师干久美子、平田晃久、藤本壮介。伊东丰雄作为最高负责人负责汇总工作。伊东丰雄和各建筑师事务所的工作人员，再加上当地的摄影师畠山直哉，一共 20 个人围在准备好的圆桌前。开会的几个小时内，大家一直站着。

东日本大地震给作为建筑师的伊东丰雄很大的心理冲击。超出预料的震度使得地面剧烈地晃动，无数建筑物倒坍，随之而来的海啸将街道和人们的生活尽数夺走。建筑虽然是将当地的历史、街道的背景、居民、使用者的理想状态都融入构想之中创造出来的东西，但是这个融合了一切的东西一瞬间全部化为乌有，任谁也难以想象吧。伊东丰雄的前辈们，日本现代建筑师们的时代，一定没有这样的体验吧。

在发生这件事之前，建筑师的工作是讲述建筑理论、探索新的空间的理想状态，仅仅只是单纯地在理论的层面上来回卖弄。如果连人类最基本的必要诉求都不能满足，建筑理论又有什么用处呢？建筑师所做的事情到底是否有效呢？东日本大地震对建筑师的职能进行了质问。伊东丰雄是关注这个基本问题的建筑师中的一员。

“大家的家园”是伊东丰雄现在对这个问题给出的一个回答。

最开始，“大家的家园”是与仙台市宫城区内的临时住宅毗邻的，在2011年10月末完工。一见之下，不过是普通的木造住宅而已。如果想要从建筑的角度来捕捉其特点的话，会被各种疑问所局限吧。而且这是伊东丰雄的设计。人字形屋顶和屋内榻榻米上的小空间，如果了解伊东丰雄到现在为止的做事风格，就不会认为这是他的作品了吧。但是，从行政的“制度”中而来的方法被淘汰，挽回生活中重要的因素，这一点具有重要意义。

东日本大地震之后，伊东丰雄一直在思考“作为建筑师可以做的事情到底是什么”，在各地修建临时住宅时，他产生了一个想法。移动临时住宅，如何确保灾民的私人空间，还要配备厨房、浴室、微波炉、电视等生活必需品。但是，屋内狭小因此具有压迫感，而且外面也没有让人放松的空间。即使想让失去家园的灾民聚集在一起，也只能让灾民在外面寒冷的石子路上集合，站着讲话。这样的临时住宅作用很有限。

“大家的家园”是第一个完成的住宅。木造建筑的保暖性能好，尖尖的屋顶勾起人们关于“家”的记忆。临时住宅的屋顶通常是平缓的，天花板也很低，是使用工厂的部件组装建造的装配式房屋。这简直是像把人关在囚笼里，虽然可以统一支配，但完全感觉不到家的气氛。

进入“大家的家园”，房间里没有隔断，空出大概20个榻榻米大小的空间，里面摆放着可以10人围坐的四角长桌，被炉占用了4.5个榻榻米大小的空间，书桌、简单的洗浴设施、暖炉等设施一应俱全。沿着窗沿设置

了长椅，在阳光明媚时可以坐在长椅上晒太阳。窗户的外侧还设置了外廊。在长椅上和被炉的周围，各种颜色鲜艳的坐垫并排摆放。无论是从屋里看，还是从外面看，“大家的家园”与伊东丰雄之前的建筑毫无关联。也许只有这个建筑的毫无变化的比例，勉强可以认为是带有伊东丰雄的风格吧。

“大家的家园”建造完成之后，很快就成为宫城野区福田町南临时住宅的灾民们的聚集地。他们坐在暖炉旁边，有时候取暖，有时候做编织手工，有时候还会饮酒。事实上，这个临时住宅区是有集会所的，但是这里却成了这片街区居民的聚会地。因为集会所是政府主导建造的场所，所以不能纵情使用。而居民在“大家的家园”来去自由，可以让人感到放松。

福田町南临时住宅副会长松浦正南说：“暖炉，还有小灯，真的非常难得。”即使是在寒冷的冬天，进入这个房子也会感受到温暖，而且有助于居民之间的团结。这里与集会所不同，无论做什么都可以。

有时候，大家还会将各自的食材带来，聚在这里一起用餐。居民会在这里举行芋艿火锅会（秋收后，日本人全家聚在一起吃的火锅）和赏花大会等活动，借活动创造让居民聚集起来的机会。

话虽如此，最初伊东丰雄来这里向居民说明“大家的家园”的建筑方案时，松浦先生坦言他当时对此抱怀疑态度，他当时想的是“建筑师到底在说什么”。他认为既然已经有了集会所，为什么还要建造这样的设施？即使是看到了设计图，他还是没有明白伊东丰雄的意图。

伊东丰雄在建筑计划定下来之前来了两次。这里居住的 48 户居民都向他传达了各自的愿望。刚开始建造的时候，各种各样的人都加入了建设工作。松浦先生说：“叶子（伊东丰雄建筑设计事务所的职员高池叶子，负责工地监督工作）一直住在工地上。”高池叶子一直住在附近的友人家中，每天乘坐公交车往返。对住在临时住宅的居民而言，高池简直是孙女一般的存在。

建筑物是暂时被运到这里，然后重新组装起来的。当地的东北大学和东

禁煙

みんなの家

北工业大学的学生来帮忙建造，熊本大学的学生也来帮忙刷涂料，神奈川大学的学生也来了。有些会木工活儿的居民也加入其中。各种颜色的坐垫的罩子是纺织品设计师安东阳子带着材料，大学生和妇女们一起缝制的。

建筑完成之后，从新闻里得知“大家的家园”的人们赠送了包括粮食和酒在内的很多东西。暖炉用的柴火是森林组织采伐受到海啸影响而枯萎的树木送过来的。哈佛大学的学生也来了，已经退役的足球选手中田英寿也来了。

但是，没有比跳出临时住宅的限制，使其变成聚集居民的场所更让人喜悦的了。在没有“大家的家园”之前，居民也像从前那样互相问候，不过只是站着闲谈几句而已。“大家的家园”建好之后，居民可以在这里一起饮茶聊天，缓解工作的疲劳，放松身心。所有事情都是大家齐心协力配合默契解决的。

伊东丰雄说：“如果现在做了逃兵，那么建筑不会发生任何改变。”东日本大地震给了建筑师“独一无二的机会”。伊东丰雄在某个地方写下了以下的句子。

“‘大家的家园’虽然是一个小项目，但是这个项目的完成具有重大意义。那就是尝试着重新探讨关于近代的‘个体’的意思。近代以后，对建筑作为个体的独创性给予了很高的评价。其结果就是，建筑为谁而建造？为什么而建造？这样最根本的问题被人们遗忘了。”

对于伊东丰雄自己而言，从他年轻的时候开始就以建造谁都没有建造出来的建筑为目标。他一直在探索着什么是领先于建筑史一步的理论和技术。正因为伊东丰雄在建筑史这个全世界共通的领域思考他的建筑，所以他的建筑才会备受世界瞩目。换言之，他也为自己所创造出来的独创性设置了重要意义，根据场合不同，对其进行捕捉。伊东丰雄之前所说的话，绝不是仅仅在指责建筑界。

尽管如此，伊东丰雄在 70 岁之前应该还会再思考建筑是怎么回事，仙台市宫城野区的“大家的家园”与他在2000年建造的仙台媒体中心具有“因缘”关系。仙台媒体中心开馆之后，担任临时馆长的奥山美惠子于2009年就任仙台市市长，一般来说在临时住宅地区建造“大家的家园”本该受到政府工作指南的限制，但是奥山女士给予了支持，该项目才能顺利进行。

两者相比，“一进去就让人感到快乐”的仙台媒体中心培育了“大家的家园”的“土壤”。仙台媒体中心有图书馆和美术馆，即使没有这些，建筑物本身也能让仙台市民感到亲切。而且，常常聚集在这里的建筑系的学生们也有“为灾民做一些力所能及的事情”的愿望，因此他们将这种强烈的愿望转化成实现“大家的家园”的原动力之一。

另外，1000万日元的建筑资金是熊本县出资的，熊本县从1988年开始就为了实现建造新颖的公共设施的想法，在县内推进了名为“熊本艺术建筑”的规划。熊本政府不是要让技术娴熟的大型设计事务所设计平淡无奇的公共建筑，而是想要让每个建筑都能展现设计者的思想，从招标投标到完成，以选拔建筑师的方式建造了很多公共设施。伊东丰雄也是以此为契机，得到了第一次设计公共设施的机会，其成果就是1991年完成的八代市立博物馆。2005年以后，伊东丰雄担任这项活动的管理委员会委员，负责建筑师的选拔。

从什么地方筹集建设“大家的家园”的资金呢？为了筹集资金，伊东丰雄想到了熊本县。2011年5月，熊本县决定将“大家的家园”项目列入“熊本艺术建筑”的县外规划之中。熊本县不仅提供了县内生产的木材，还派遣了技术员，将其作为“熊本艺术建筑”规划的人才培养事业来做。2011年9月初，进行柱子和横梁组装实验的时候，在熊本县内招募了约50位志愿者。熊本县在9月下半旬，用了几辆卡车把木材运到仙台。那时还举行了启程仪式。汤前町的妇女协会还请卡车司机带来了蔬菜味增和当地特产“市房腌菜”。

向熊本县求助时，伊东丰雄将临时住宅的居民在住宅的极限状态下仍然聚集在一起召开小型音乐会等令他感动的事情也写了出来。那里有最基本的集体存在，如果是建筑师的话，会希望那里“更人性化一点，更美丽一点，更舒适一点”，他的话最终得到了熊本县居民的理解和支持。

伊东丰雄作为建筑师活动的 40 多年里，经历过多次转换。如今，他的转换不是在建筑这条延长线上，而是返回了起点，从零开始。这也是伊东丰雄到现在为止参与的建筑、工作、邂逅的人给予他的机会。

东京 1：为设计竞赛而奋斗

2004 年 7 月，在这个炎热月份的月底，伊东丰雄很难得地在东京度过了一周。他经常去海外出差，一年大约有三分之二的时间在东京以外的地区度过，所以他很珍惜这次在东京度过的宁静时光。这天，他从早上开始在事务所开了几个会议。早上最开始的会议是商谈为日本大型汽车制造商建造新款高级轿车的东京展示室的竞赛方案。

“compete”是“competition”的缩写（译者注：“compete”是日式英语，意思是竞赛）。在建筑界，这个词被翻译成“设计比赛”。委托人向多个建筑事务所都发出了委托，要求他们拿出方案，然后对方案进行评估，采访参加的建筑师，最后选出最适合建筑方案，将设计工作委托给该名建筑师。这就是竞赛，也就是招标。

对建筑师而言，参加设计竞赛就像为了生存而喝水一样重要。身边的建筑物逐渐被设计建造，人们会产生“建筑就是这样平常的事情”的错误观念，但实际上可以称之为建筑的数量非常有限。建筑是“one off”，也就是说是独一无二的，如果不是那个地点、那个时间、那位委托人，就不能成为建筑。如果在大规模的工程中断断续续加入的是大型设计事务所和大型综合建筑公司的设计部就算不参加竞赛也还好，但对仅仅以自己的创意来一决雌雄的“私人工作室”来说，如果不参加设计竞赛，事务所就很可能难以运营下去。因此，就像大型汽车制造商和赛车团队那样，每一次的竞赛各个事务所都会拼尽全力。

伊东丰雄的事务所也是典型的私人工作室。虽然觉得如果变成优秀的建筑师，就会有源源不断的委托工作吧，但实际上并非如此。赢得了设计竞赛获得工作，而且自己的构想必须问世。伊东丰雄这几年的作品中，仙台媒体中心和巴黎的哥纳克 - 珍医院、巴塞罗那国际展示会场等都是他通过赢得竞赛从而实现构想的建筑。与之相反，在参加过的竞赛中他也有很多失败的体验。设计竞赛是公平的，不受任何的人脉关系影响，是建筑师通过创意构思赢得属于自己的机会，即使没有赢得比赛，从竞赛作品也能看出包含脑力和体力在内的那个事务所的能力。如果没有能力，建筑师就不能“战斗”。

伊东丰雄现在参加的商品陈列室的设计竞赛，是委托人邀请了 2 家海外建筑事务所和 5 家日本建筑事务所的指名设计竞赛。伊东丰雄建筑设计事务所参加的设计竞赛是规模较小、商业色彩浓重的竞赛。作为建筑师如果积累了一定经验，即使同是设计竞赛，也希望被邀请参加这个限定参赛者的“指名竞赛”。其流程是，委托人会事先指名有希望设计出他们想要的建筑的建筑师，要求建筑师提出方案。如果委托人没有任何限制地募集建筑方案，这种竞赛被认为“公开竞赛”。指名竞赛大概会有 5 到 6 名参赛者，而公开竞赛的话，会有来自全世界的几千名参赛者提出方案。

我不知道商品陈列室的设计竞赛还邀请了哪些建筑师。委托人提供了“高级轿车”“速度”等几个关键词。如果竞争对手理解这几个关键词的话，思考对策会容易一些吧，但如果理解不了这些词语的话，那么我们只能提出自己相信的最有趣的方案了。

会议桌上摆着伊东丰雄建筑设计事务所提出的竞赛方案，用按照三次曲线弯曲的铁板的构造支撑各层平坦的地板，并在其周围覆盖上透明玻璃制成的墙面，铁板呈现出一种缓和的曲面，并且贯穿各层的地板，这个形态本身就与商品陈列室具有统一性。距离截止日期只有十天了，这段时间事务所的人员每天都在彻夜绘图、制作模型和用来向顾客展示方案的示意图。伊东丰雄在工作人员描绘的草图上用红色和蓝色的铅笔进行修改。伊东丰雄使用铅笔的时候是左撇子。

伊东丰雄的思维在这个时间段变得非常纤细，他对图纸的修正会很细腻。如果稍微移动一下墙壁会如何？如果改变材料的颜色会不会让空间的质量发生改变？他提出了类似这些问题。当然，到此为止讲述了建筑和空间中形象化的大概念，讨论验证了无数张草图和图纸，才稍微接近了现在放在桌子上的这个方案。

这个方案沿袭了他最近关心的事情——结构本身就是建筑的象征。正巧这个时候，东京表参道的时尚精品店"TOD'S"大楼正在建设。

说到建筑的构造，虽然是建筑中不可或缺的部分，但在设计的处理上却很棘手，被当作阻碍设计的部分了。几年前，包括伊东丰雄在内的，倾向近代主义建筑的建筑师们都设法细化构造，努力让不显眼的构造变得醒目。但是，伊东丰雄在2000年仙台媒体中心竣工时，完全改变了之前他所走的道路。构造体作为建筑的一部分支撑着建筑物，但是，难道构造体本身不能在人们眼中留下深深的烙印吗？对构造加以修饰的尝试，是借助了计算机高速的计算处理能力，这几年来变得越发有趣了。伊东丰雄作为建筑师，刚刚经历了一次巨大的思想上的转变。

"酒吧不太好啊。"

"不管有多么时尚，也不需要这么昏暗啊。"

"这里用天然石会不会好一点？"

事务所的工作人员去银座考察了各种商品陈列室，然后绘制出了几个看上去很高级的构造的图纸。但是，伊东却将一眼看见的"好像是那样"的部分都去掉了。为了建造高级的场所，完全没有必要实施老生常谈的、带有标记性的设计。尽管如此，毫无新意的设计手法和不落俗套的设计手法，其区别其实非常细微。每天的会议上消除一部分，增加一些细微的部分，最后呈现出的效果与原稿有着显著差异。庞大的概念和细致的细节一边做着拔河比赛，一边完成建筑。负责的工作人员侧耳倾听伊东的评论，从中获得设计相关的启发。

伊东丰雄建筑设计事务所的会议静静地进行着。不知为何这里的工作人员大多都是瘦瘦的年轻人，平均年龄大概是 20 到 30 岁之间吧，他们跟现在微胖的有点大男子主义的年轻人完全不一样，感觉就像是聚集了古典艺术之家的继承人，整个事务所有一种日式古典风的感觉。因为是具有同样气场的人聚集在一起，所以彼此之间染上了相同的气息吧。每个人都很讲礼貌，所以空气也是温和而恬静的。

开会时他们围着四角桌坐在一起各抒己见，工作人员你一言我一语地说明设计方案，在这期间伊东时不时回应几句，会议以这样的节奏进行着。开会时，伊东完全是面无表情，高兴也好生气也好，脸上完全没有任何表情。

对这个表情感到明显慌张的是新人。不仅是设计竞赛，不论是什么项目的团队都是由入行数年的老手和刚刚入行的新人构成的。在哪里都能看到新人茫然若失的表情。耳朵听见的词语和大脑里面的储备知识无法整合起来。而且面无表情的伊东丰雄的反应让人捉摸不透。稍微明白事情状况的是有经验的老手。作为实践小组的老手和新人们在伊东丰雄面前取出各种各样的图纸和模型，进行解说，伊东的表情有些失望，表情喜悦的主设计师东建男却一边笑着看他一边稍稍距离他远一点，看来这是开会时的惯例。

工作人员虽然处在温文尔雅的气氛中，但是张口闭口却是“横切面”“平行线处理”“金属板”等毫无美感的建筑用语。建筑工地的情况就像是在漫画的对白框中，通过这些词语一一浮现在脑海。这个阶段一直在深入研究并商谈关于铁板的安装组合的方法等细节。大概念和施工阶段的细节交集在一起，对此大家一直在会议桌上商谈。将关于建筑的想法仅仅停留在嘴上的话，是无法完成构想的。重点是必须要一边论证其实际建造的可能性，一边确立构想。

伊东丰雄建筑设计事务所平均每年参加五六次设计竞赛。以伊东丰雄建筑设计事务所的等级，即使是全世界有限制参赛者数量的国际型的指名设计竞赛，也会被邀请参加。开放竞赛如果条件有趣，他也会参加。他被邀请参加指名设计竞赛时，与法国的让·努维尔、英国的扎哈·哈迪德、荷兰的雷姆·库哈斯、瑞士的赫尔佐格和德梅隆等同时代的优秀建筑师同台竞技的情况很多。另一方面，在开放竞赛的情况下，他会与刚刚毕业的青年建筑师并肩作战。

以往，国际型的指名设计竞赛中，委托人想要建造出优秀建筑物的愿望非常强烈，在设计上也会给建筑师很大的自由，允许建筑师坦率地表达自己的想法，并且支付参加竞赛的报酬的情况很多，因此建筑师也因此获得很多机会。就在这几年，伊东丰雄参加的大规模的竞赛中全力以赴的项目有1996年的纽约现代艺术博物馆、2001年的新加坡为了研究生物技术的新都市波那维斯达科技城、2002年的中国中央电视台主楼、2003年比利时根特市文化广场等。这些全部都输给了对手，给了他沉重打击。相反，获得胜利的竞赛有巴黎的哥纳克－珍医院、巴塞罗那国际会展中心。即使是经验丰富的建筑师，这些比赛中能有一成的项目获得胜利的就是优秀的建筑师。其他惨败的还有1992年的巴黎大学图书馆竞赛、1997年的国际结算银行增建竞赛、1999年的罗马现代艺术美术馆竞赛、2001年的科尔多瓦国会中心竞赛、2002年的奥斯陆的再开发计划竞赛等。虽然输了竞赛，但这些竞赛与纽约现代艺术博物馆、中国中央电视台主楼的竞赛一样，都是与国际著名建筑师同台竞技的超A级的设计竞赛。

超A级的设计竞赛和普通的设计竞赛的区别一目了然。方案的内容、竞赛规模、社会意义、委托人的高期望、评委班底、评判方式等都会在寄给建筑师的参加要项上体现出来。另外，如果对没有见过的建筑有着强烈热情的话，那么竞赛可以刺激建筑师们的挑战精神。而这些竞赛也成为一流建筑师们尽情发挥才能的“战场”。

事实上，设计竞赛是从公元前开始就有的建筑界的传统。公元前5世纪，古希腊在希波战争获得胜利，雅典要在卫城建立战争胜利纪念碑时，就将几个建筑师的方案交给雅典市民评价。在那之后，有名的设计竞赛是 15 世纪初期，伯鲁涅列斯基获得胜利的“圣母百花大教堂”（即佛罗伦萨主教堂）。还有白宫、巴黎歌剧院、埃菲尔铁塔、伦敦国会议事堂等都是设计竞赛的产物。

即使花费时间和金钱，委托人也要举行设计竞赛是为了新建筑能有一个优秀的方案。暂且不说委托人有像“如果不是这个建筑师就不行”这样的明确偏好，或许美术馆、图书馆、企业的写字楼、市政厅等都是根据建筑师独特的构思产生的前所未有的有趣建筑吧。物理、技术、思想等多方面的内容日新月异，不断发展进步，建筑师作为空间设计的先行者，通过组合的方式，接触最先进的思想，根据场合采用不断变化的构思，可以建造出能打动人心的建筑。

1996 年，雷姆・库哈斯、赫尔佐格和德梅隆组合、多米尼克・佩罗、拉斐尔・维尼奥利、伊东丰雄等 10 位世界知名建筑师参加了纽约现代艺术博物馆的增建项目的设计竞赛，在这个项目的进行过程中，他们获得了学习机会。在过去的两年里，从第一次评审到第二次评审，再到最终审核，在这期间，博物馆的旁边，连续召开了关于“新时代博物馆的角色”的市民公开研讨会。虽然伊东丰雄在这场竞赛中拿出了十足的干劲，却仍然输给了日本建筑师谷口吉生。

公布胜利者的时候也是委托人公布其真实意图的时候。在纽约现代艺术博物馆项目的竞赛中，雷姆・库哈斯、赫尔佐格和德梅隆组合，以及伊东丰雄都将关注点放在了“在空间上也能作为素材”的实验性建筑上，结果委托人却选择了高端、平衡、雅致的设计，对于这个结果，馆内外都有反对和评判的声音。

根特市文化广场的项目也是如此，在这个项目中伊东丰雄同样受到了失败的打击。这个计划是在根特市中心地区建筑的广场可以举办音乐会、戏剧等多种演出，不受拘束的空间，根特市市民构想的广场是能拉近彼此关系的场所。竞赛概要中明文规定的，与其说是稳固的音乐厅建筑，倒不如说是将城市风景这一要素融入其中的建筑。

伊东丰雄在着手准备竞赛之前，去了葡萄牙的一个名为科英布拉的城市，他在那里经历了一些有趣的事情，比如不知从哪里传来了当地的宿命歌（葡萄牙具有代表性的民歌，曲调忧伤），他追着歌谣的声音在街上走了很久，一直摸索着走到了广场。正在那个时候，根特市文化广场的建筑用地确定为城市中心的广场。第一次评审，伊东丰雄的构想是，将城市中的人从四面八方汇集起来，直接进入一个音乐空间，让市民融入其中。

这个构想的画面感虽然很强烈，但是想要完成实际建筑的形态却不容易。不要有在封闭的大厅聆听音乐的严肃感，不能有死板的上下等级关系，每一个空间都同样重要，面向城市的四面八方都有入口的开阔空间，音乐演奏者进入的空间和人们于道路间穿梭往来的空间没有界限、几乎重合的场所。把纸管子叠起来，打通泡沫苯乙烯板，捏揉纸黏土，制作出各种各样的模型。不仅是要确定形状，而且为了建设顺利，还必须要进行合理的内部设计。

空间就像是人体，经历了无数徒劳和困境，总算进入其中。内脏的墙壁很薄，相互连接，对外敞开。地板也好，墙壁也好，天花板也好，都是由像是波浪形的橡皮管的曲面构成的，哪里是内部，哪里是外部，只看模型是分不清楚的。其形象是将 20 世纪 60 年代的幻觉升华凝固（译者注：日本自 1968 年起流行将幻觉状态以美术和音乐等形式表现出来）。也许会让人觉得，这是一个“怪人”设计的建筑。哪里是演奏发出的声音呢？听到时，仿佛各种各样的橡皮管在耳边演奏多重奏。如果待在这样的地方，很容易迷路吧。

虽然如此，来到伊东丰雄建筑设计事务所的竞赛团队能感受到他们异常的热情。伊东丰雄一直以来持续追求的没有界限的流动般的空间，没有内外区别的建筑物，构造和建设的实验，在完成建筑时，使之成为令人惊愕、闻所未闻的建筑，这一切都将实现。在建筑师的生涯中，能遇到这样的机会少之又少，创意、团队合作与时机的步调必须一致，不论对建筑师本人还是对建筑史，都是具有前瞻性的作品。

竞赛方案顺利提出，在提案当天也对委托人和评审进行了解说。伊东丰雄建筑设计事务所对这个作品的概念和结构系统非常满意，橡皮管看似呈现蜿蜒复杂的弯曲，实际上可以由单纯的结构系统构成，他们已经确定可以建造出来。听说雷姆·库哈斯的团队因为晚十分钟，因而设计稿件被退。这样就少了一组竞争对手。然而伊东丰雄更希望在势均力敌的优秀作品中脱颖而出，但是……

“我们的方案被浪费掉了。”

几个月后，伊东丰雄对根特市的这次竞赛产生了这样的感想。伊东丰雄建筑设计事务所的提案在截止当天就落选了。获得胜利的是毫无实验性、随处可见的建筑，是在国际设计竞赛中不会出现的当地建筑师的作品。

说是要举办国际竞赛，提出宏伟的梦想，实际上却没有勇气尝试新建筑。虽然也有技不如人而落选的情况，但在某些竞赛中，当得知获奖作品时才发现委托人的真实意图。根特市的设计竞赛就是突出的例子。

在设计竞赛中获胜的安藤忠雄也说：“为了参加竞赛必须要有把握机会的能力，为了中标而深入当地的能力。”设计竞赛就像 F1 赛车一样，不论是地域偏僻还是语言障碍都必须要无视这些困难，拥有前往当地“远征获胜”的气势。建筑师应该是具备思考力、造型力、架构力、经营力，内心深处一直燃烧着斗志的人。

东京 2：文具用品

除了建筑以外，伊东丰雄也常接到非建筑企业的委托邀请。比如意大利知名餐具与厨具品牌“ALESSI”就邀请他设计白色餐具系列。几年前，当进行这个方案时，建筑设计和产品设计在规模上的差异让伊东感到惊讶。他说：“只是稍微调整了杯子的边缘，厂商就能做出新的模型，变成与之前完全不一样的产品。这让我相当惊讶。”

只要按下键盘上的按键，计算机就会立刻完成你想要的效果图。在什么都很迅速的现代社会中，建筑行业是具有重要历史性的领域。建筑仍需要传统的施工方法建造，如果以为画好了设计图，就能建造得一模一样，那就大错特错了。从设计图到实际施工工地使用的施工图之间，还有很多各种各样的建筑用语解释、材料、建造技术等不确定的因素，长期直接或间接地控制这些不确定因素，并加以稳固，这就是建筑。

即使已经进入建设阶段，每天还会有很多不可预期的事情，比如施工人员的技术、施工顺序等，因此建筑师必须时刻查看情况、随机应变。即使开始已经决定好了，但后续操作中总会出现需要变更和讨论的事情。计算机计算出来放在桌上的“理想”与现实操作的差异，无形中产生对决。

长期从事建筑设计的伊东丰雄在设计其他产品过程中真的能享受到乐趣吗？对于餐具、家具等不同领域，他都没有丝毫抵抗地投入其中。在 7 月底的某一天，文具厂商的负责人来到事务所洽谈。由于看到了某本杂志上“请建筑师和设计师提出想象的产品”，他们来事务所与伊东丰雄洽谈相关企划案。

伊东提议说：“最好是外观简洁、内部有趣的文具。”为了这次会议，伊东丰雄提前准备了素描草稿，可以看见透明的笔筒，装有墨水的弯曲造型的彩色笔管。这个草图是以他建筑生涯的转折点——仙台媒体中心为思维发散点的。墨水在透明笔筒中如同海藻般摇曳，以有机的形状为构造。在仙台媒体中心完成之后，伊东对“弯弯曲曲”的兴趣也在这个小地方体现出来。

厂商负责人说：“感觉很有趣。”负责人拿出带来的普通笔，同时说明其中的构造。乍一看这只是单纯的原子笔，但也包含着几项技术。墨水浓度、为了防止墨水干掉而加入的小棉花、使用墨水后补充空气的构造、为防止笔破裂的材料。原本构造简单的原子笔，一旦添加新设计各种情况就必须重新思考。不过，这种笔只停留在设计图的阶段，只要自由地思考有趣的设计就好。

伊东对文具厂商负责人说了自己对文具的执着。在他年轻的时候，有一种扁笔用来画草图很方便，轮廓可以画得很清晰，而且不管怎么用笔尖都不会变钝。后来这种笔逐渐在市场上消失，他一直没有找到比这种笔更好用的笔。伊东丰雄的原稿都用手写，他用的是辉柏嘉（Faber-castell）的 2B 铅笔。伊东曾说，信息时代都喜欢虚拟的世界，但他几乎不怎么用计算机。最近伊东的实验性质的建筑使用了计算机的计算功能，但他本人却没有发过电子邮件。

其理由之一是，建筑是团队工作。就算他不用计算机，团队中的其他成员也会弥补这一点。另一个理由是草图中包含的概念和构思无法用计算机呈现出来。动手可以让思维开阔，为了保持视觉、身体、造型方面的能力，建筑师或许会阻止自己踏入计算机世界。

伊东丰雄告诉文具厂商负责人，如果不用辉柏嘉的铅笔，他就会变得无法思考。使用辉柏嘉的 2B 铅笔和签字笔能完成大部分原稿和草图。在公务包里面，伊东丰雄会放一些空白的 A4 纸和笔记本。A4 纸是为了必要的时候取出来画草图，用来与客户沟通。笔记本是 B5 尺寸，这是他使用了三十年的规格，他说：“不想让人看到，觉得拿不出手的东西就画在笔记本上。”这种笔记本他通常会一次买十本。

铅笔和签字笔装在黑色的笔袋里，放在他随身携带的公文包里。不论是和委托人的洽谈会议，还是和事务所工作人员的讨论会，他都会像一个认真的高中生一样取出笔袋里的笔。校正原稿时使用的红笔、圆规都妥善地放在笔袋里。

伊东丰雄也向厂商说明了产品设计与建筑设计的差异。

“建筑无法迅速决定。关于功能、构造、设备等问题需要在无数次会议中获得灵感，才能逐渐成型。虽然这样也不错，但有些委托人并不喜欢这个过程。”

在工作中，伊东丰雄也逐渐显现出个性。他说自己不擅长提出构想，只以一句话一决胜负的方式，在开始建筑设计时，他不会对画图的工作人员说“照这个去做”，而是带领团队进行设计。花费时间、让所有人参与其中、受到各种阻碍之后逐渐完成，这就是建筑。

东京 3：铝

下午三点，伊东丰雄建筑设计事务所的 4 楼会议室坐满了人。10 平方米的房间里有一张长桌，总共 16 个人，大家肩并肩坐着。这是为一家名为“SUS”的铝建材厂在福岛建员工宿舍而举行的会议。

参会人员包括 SUS 的总经理和几名员工代表、几名负责结构和设备的工作人员。再加上伊东丰雄、事务所内负责这个方案的工作人员。此时设计模型已经完成，今天这场会议的目的是在施工之前向各项工作负责人确认情况。

伊东丰雄在过去的几年里将“铝”这种建材用在建筑上，建造出许多带有实验性质的建筑，不，准确来说，不只是最近几年，伊东丰雄从独立从事建筑设计开始就用到了铝，即 1971 年竣工的“铝之家”。他自己的家“银色小屋”也用到了铝。不过，最近他对于如何将铝运用到构造上进行了新尝试。

目前为止，铝大多用在外观或遮蔽阳台的轻型屋顶上，换言之，普通建筑只是利用了铝的外观而已。伊东曾说过他对铝执着的原因：“柔和且淡淡的反光很符合我对东京的印象。”或许纽约更适合冷硬的不锈钢，但是印象中东京更适合柔和的材质。伊东丰雄已经在思考，铝这种建材能否通过改变形状而应用在住宅和中等规模的建筑物中。

SUS 公司的总部在静冈县，过去十年，由于半导体和液晶显示器制造工厂发展迅速，该公司规模也随之扩张。因为在无菌室等空间使用的机器架层大多采用铝制零件，从而代替了过去的不锈钢零件。组合铝制零件只需要用托架就能接合，不需要焊接。铝制零件不会蒙尘也不会生锈，容易更换，在连一根头发丝都不能有的无菌室，铝制零件的需求自然日渐提高。

铝制品是通过对铝施压、加工制造出来的。业界人士将这个过程形容为

“就像制造果冻一样”。其实的确像是制作果冻，将材料放在不同模型里，铝制品的切面形状也不同。看一下铝合金窗框就会明白铝制品的剖面由复杂的凹凸构成。在切面形状中涵盖着各种功能，都要一起设计完成，比如与相邻零件的组合、隔绝水分和空气、让微风通过、强度。

最近几年，伊东丰雄将铝制护墙板作为墙壁材料来使用，或者整栋住宅都用铝建造，比如“樱上水 K 宅”和“铝制小屋”。一直以来，伊东丰雄用不锈钢和玻璃来呈现轻盈的感觉，用铝建材可以直接实现这种效果，这让他非常惊讶。如此一来，用铝装饰建筑表面就显得毫无意义。

住宅的样式虽然多样化，但将略显廉价的建材——铝运用在住宅建造中，就像是从封闭中获得了自由。“我想建造工厂一般的住宅，这其中包含了从住宅的封闭中解放的愿望。”这是他喜欢用铝建材建造住宅的原因。

建筑是难以进化的。早在古罗马时代，建筑物就由梁柱、屋顶、墙壁构成。建材随着时代而改变，但构成建筑的要素依然是梁柱、屋顶、墙壁。虽然对建材的研究有所进展，对新构造的探索也在持续中，计算机运算能力也越来越强，因此以各种各样的方式建造的建筑都不足为奇，但不论是哪个国家的住宅、大楼，看起来都没有太大差异，全部都是由梁柱、屋顶、墙壁构成的。这或许是理所当然的事情，因为沿用已有的方法是最快的。想要改变与建筑相关的产业，比如建材厂或建造技术等，并不是能轻而易举达成的。尽管如此，还是有些建筑师在探索前所未有的建筑。

坐满 16 人的会议室也是对接下来的实验的“动员大会会场”。委托人是建材制造厂的总经理，他说：“让我们来做一些有趣的事情吧。”材料正是伊东丰雄喜欢的铝。

员工宿舍的构造非常简单，里面有几面微微起伏的曲面铝墙平行而立，由铝和玻璃的墙壁隔开各个房间。在会议中，伊东提到要为了这栋建筑制作四种新模型。金属制作模型的成本非常高昂，但铝制品却只需 100 万日元左右，廉价是铝的优点。总经理表示，如果要制作新模型，最好让模具在以后也能广泛使用。

接着又讨论到员工宿舍与工厂并设，为了两班制的员工浴室要有二十四小时的热水，还需要厨房。伊东丰雄一边点头，一边思考委托人的各种要求。稍后，话题转移到建筑技术。因为以铝为构造，并将其作为墙壁的材料，所以事先已经做过实验，测试过铝在阳光下暴晒能达到什么程度。在没有风的状态下，铁会逐渐发热，但铝表面的温度却没有明显变化。确认宿舍内的设备和关于这种建材性质的报告，也是这次会议的议题。

“供水设备，第一点，基本方案是连接自来水管道直接供水。其一，为了防止自来水遭到管道铁锈的污染，采用电子自旋共振装置（ESR）；其二，安装不同的阀门，形成有效管理各管道系统。第二点，供水量按照水表计算。假设一天的供水量要给 15 个人用，自来水供水量则需要 4500 升……”

负责设备的工作人员提供了以上资料。虽然有很多专业术语，但住宅空间不可或缺的设备需要以专业词汇确认，以免产生错误。

“第一点，排污系统和排水系统先分流，到屋外再合流，排放到公共下水道。第二点，排水通风系统采用环状通风管，并设置通气管道等……”

总觉得伊东先生似乎在打瞌睡。他面无表情，戴着眼镜，难以看清他的眼睛。但是他之前还在点头，后来好像坐定似的。

“一天的排水量，由 15 人使用为 4500 升。接下来是热水系统。第一点，关于热水器……考虑到卫生和安全……第二点……关于热水……平常使用的厕所洗手台……”

伊东丰雄曾经说过，下午 2 点到 3 点，即午餐结束后的这段时间是他体内“瞌睡虫”发作的时段。他也曾说过，因为自己的眼睛细，所以就算他打瞌睡也没人发现，看起来像是在冥想。自称“狂眠四郎”的他是打算一边冥想一边开会吗？

“厨房的料理台……煤气热水器……浴缸……淋浴……热水……可以二十四小时加热……使用时间具有弹性也是优点……”

委托人

SUS公司是总经理石田保夫的父亲建立的机械工厂的子公司。机械工厂由他的哥哥继承，现在转型为制造工业用机器人的公司。工业用机器人也需要铝制零件，而SUS公司的主要客户是制造液晶显示器等公司。SUS公室只负责生产零件的材料，但随着IT行业的发展，半导体工厂陆续建立，SUS公司也急速壮大，除了位于滨松的总公司和日本各地的分公司，在新加坡、泰国、中国等也有办事处。

SUS公司的九州工厂由建筑师山本理现设计，目前已经完工。邀请伊东丰雄设计员工宿舍时，石田总经理表示，这不是仅仅出于他个人的兴趣。SUS公司已经在静冈总部建造了使用铝建材的会议楼和食堂，不过设计者是公司职员。SUS公司开发了将铝制品变成不锈钢，可作为3平方米小房间或摊位的产品。这种产品可作为保护山间鸟类的小屋，或是屋顶浴室。

SUS公司之所以着手从事这些与本行业无关的建筑计划，是因为石田总经理相信“铝是进化”的材料。

石田总经理说，用铝试着做新模型看看，或许会看到新的发展。对制造铝的企业来说，探寻铝的无限可能，这是关乎企业生存的课题。制铝业，还有日本轻金属行业等也都与建筑界合作。

石田总经理经常会在脑海中描绘几种运用铝建材的住宅或建筑。主要构造由钢筋制成，墙壁或隔间由铝建造。将铝作为环保材料，让水在墙壁与天花板之间循环，从而管理室内温度。只要利用太阳能将水温维持在22摄氏度，家中就能冬暖夏凉。其实这种系统的住宅已经建造出来了，各方面效果非一般住宅可以企及，不过成本很高。“贵到不想说的程度”，石田总经理如此说。除此之外，还有将铝作为建材后，对其回收利用的方法等都需要思考。

“达到这种程度就好了。”正因为有人有这种想法，技术才会不断进步。对建筑师而言，遇到这样的委托人是很幸运的。

委托人中，尤其是私人住宅的委托人，其中有很多独特的人，目前为止，伊东丰雄遇到的委托人中，最勇于超越普遍认知的是墨西哥人。

“要不要在墨西哥的瓜达拉哈拉市建造美术馆？”伊东丰雄收到了这样的信息。1998 年，企业家豪尔赫·贝尔加拉在墨西哥和南美洲销售营养品，当时才 42 岁的贝尔加拉获得了可观的收入。他有感于家乡瓜达拉哈拉市缺乏文化活动，有意在那里建设“新都市”。

为了完成计划，他邀请了十几位世界知名建筑师建造大学、美术馆、办公大楼、娱乐中心、圆形剧场等。包括菲利普·强生、法兰克·盖瑞、丹尼尔·里伯斯金、让·努维尔、扎哈·哈迪德、摩弗西斯建筑事务所、恩里克·诺登、库柏·西梅布芬事务所，以及伊东丰雄等。在号称达到像新宿水准的建筑用地上，贝尔加拉凭借个人能力调度了 300 亿日元以上的资金。起初，雷姆·库哈斯和斯蒂文·霍尔也在邀请名单中，但由于和贝尔加拉性格不合而退出。

贝尔加拉精力旺盛，很有俘获人心的天分。他的营养品事业并不是只关注完成目标的人，也会对认真销售却没有业绩的人予以肯定，他也不会胡乱扩张销售网络。无论如何，他已经成为收入不高的南美洲人民的经济来源，在没有业绩的人之中，有很多是贝尔加拉的崇拜者。

除了关注生意，贝尔加拉也重视人类的创造活动，对于和多位建筑师合作，他乐在其中。贝尔加拉经常在不同地点召集建筑师们召开讨论会议，有时在瓜达拉哈拉市，有时在纽约，有时在墨西哥的某个度假胜地，有时在古巴。他虽然不是专业的建筑师，但他对建筑师们提出的要求却能让对方心服。讨论会结束后就是几百名群众参与的聚会。伊东丰雄对贝尔加拉这种发自内心的热情颇为感动。

英文中有“larger than life”的说法，褒义是用来形容传奇人物，贬义也有“不切实际”“大肆吹嘘”“狂妄自大”的意思。这个词用来形容贝尔加拉很合适。

这个新都市建筑计划，包括伊东丰雄的美术馆在内，最后大多都悬而未决。因为想法多变的贝尔加拉突然对电影产生了兴趣。想要凭借一己之力在什么都没有的地方建立城市、建造建筑，说是他拥有一般人没有的格局和魄力好呢？还是说他异想天开呢？总之要具备某些条件才行。建筑师不时会遇到一些脱离实际的委托人。

东京 4：花园

2004 年 7 月的一个早晨，伊东丰雄与事务所的职员正站在新加坡购物中心“怡丰城”的模型前开会。最近几年，伊东丰雄建筑设计事务所在海外的工作增加，因此伊东在海外和日本之间往返，其中最频繁的是西班牙和新加坡。

2000 年，伊东丰雄受邀参加新加坡的新生物科技都市波那维斯达科技城的设计竞赛。为了将生物科技研究所和新兴企业聚集在一起，使新加坡的高新技术产业提升到世界级地位，新加坡政府制定了这项规划。波那维斯达科技城现已更名为纬壹科技城（One North）。这个项目是由女建筑师扎哈・哈迪德主导的，她出生在伊拉克，主要在英国从事建筑活动，是位实力强大的建筑师。而伊东丰雄建筑设计事务所与新加坡的合作也在持续。

怡丰城是丰树集团（Mapletree Investments）旗下的购物中心，该集团位于新加坡南部，从那里可以眺望圣淘沙岛的海滩，占地面积为 80 000 ~ 90 000 平方米，总坪数为 200 000 平方米，是相当庞大的商业集团。

这个企划在委托伊东丰雄之前，已经委托了擅长设计复合商场的美国建筑师乔恩・捷得。在挖开地基，打下地基，建立结构时却更换了建筑师。详细情况不太了解，或许是建筑师和委托人的意见出现了分歧吧。因此，伊东丰雄要在已经决定好结构的情况下开始设计，预定在 2006 年 12 月竣工。建造怡丰城的同时，委托人也在进行招商活动，可以说伊东丰雄是在时间相当紧迫的情况下进行设计的。

购物中心的设计自由度原本就比较低，加之要沿用前任建筑师设计的结构，限制就更多了。尽管如此，伊东丰雄还是以起伏的水波为意象，试图设计出全新的购物中心。今天会议的主题就是购物中心二楼的中庭花园和海边的步行道。

“是要有严肃的感觉吗？”

“或是迎合大众的喜好，呈现出海岛的风貌吗？”

关于中庭的设计，伊东丰雄和职员们正在寻求共识。最早期的设计是中庭放置雕刻和喷水池，屋顶像是帐篷一样。景观本身是由新加坡当地的公司负责，而基本设计由伊东丰雄建筑设计事务所负责。

职员们根据最初的构想画出设计草图，伊东却不太满意。

“更抽象一点如何？看了这张图，不想走进去。”

伊东丰雄的评价无法反驳，如果他说“感觉不想走进去”，那么职员们在这件事上就没有反对的余地。他的意见代表游客的心情，他仿佛看见带着孩子的一家人站在这个中庭花园面前脸上露出无聊的表情。乍看之下，建筑无法让人产生想走进去的感觉，那就是设计者的失败。

伊东丰雄擅长模拟在竣工的建筑中行走时的感觉。即使有设计条件、成本、时间等限制，对他而言，“自己的感觉”依然最优先考虑。在对中庭花园的草图提出“不想走进去”的评语之后，他拿起模型，让模型的地面与自己的视线达到同一高度，望着模型里面，想象着自己走在购物中心内。

他一边想象一边在纸上画出许多圆形的岛，让原本毫无生气的花园模型涌现出生机。伊东丰雄完成的草图中，中庭花园是伸长的葫芦形，其中点缀着大大小小的圆形小山。他的构想是：葫芦形象征着草坪，小山是岛屿，在圆形小山上栽种植物，形成浓淡相间的绿意，再加上注满水的水池，形成新型的“葫芦岛”。其外围也有奇特的设计，挖掘出像是蚂蚁窝一般的小洞穴，建造瓶子形状的玻璃屋，利用喷泉让空气湿度发生变化。这样的设计或许能让携带家人的游客产生“要不要进去看一下”的念头吧。

伊东丰雄还提到，这里可以用来举办艺术竞赛，设置亚洲青年艺术家设

计的户外家具，或是将世界各大理工大学的学生设计制造的机器动物摆放在草坪上。他说，不仅要让葫芦岛变成观赏的景点，也要让它变成适合散步的花园。

根据与伊东丰雄建筑设计事务所合作的某位建筑师所说，该事务所是由职员主导推进建筑设计方案。讨论中的建筑方案分不清是职员负责还是伊东丰雄自己负责。伊东丰雄将自己的想法告诉事务所的职员，不过就算没有他的指示，优秀的职员们也会自己提出方案。既然如此，是否表示伊东丰雄不在也没关系呢？那倒也不是。伊东提供的是基本方针，如果全部交给职员，就是他们想改善方案，实际上概念还是会走样。由于伊东丰雄了解概念成立的细节要素，因此当误差产生时，他会察觉到。比如葫芦岛。

伊东丰雄说："我想一定要先把握 30% 左右，剩下的 70% 可以让他们来发挥。像这个方案，我不能放任不管。"

或是如同他对某位编辑所说的那样："我这个人说好听点是温和，难听点说是语言表达暧昧不明。不过我有很明确的好恶，10% 是很喜欢，10% 是很讨厌，中间 80% 是都可以。在建筑方面，这 80% 是团队工作的部分。"

东京 5：辩论

建筑师不仅需要动手设计的能力，还需要有用语言解说作品的能力。向委托人说明设计意图、和职员讨论，以及工地解说等都需要沟通说明的能力，因此能随机应变的沟通能力对建筑师而言非常重要。与建筑杂志*GA JAPAN*的工作人员在伊东丰雄建筑设计事务所开会讨论时，感觉到这样的沟通能力不仅是为了应对他人，对于自身也有所助益。所谓与自己沟通，就是对之后要完成的事情、最近完成的工作建立属于自己的思路和逻辑。如此一来，就能明白建筑师的下一步工作是什么。

*GA JAPAN*是知名建筑杂志，由著名建筑摄影师二川幸夫在1970年建立的“A.D.A EDITA Tokyo”出版社创刊。二川幸夫只要听说有有趣的建筑就会带着相机前往世界各地，他会在那个建筑前等待阳光照射在他预期的角度上，然后拍摄。如今，*GA JAPAN*已经声名远播。

通常在划时代的建筑完成时，*GA JAPAN*的工作人员就会来事务所举行讨论会。7月底的某天下午举办的讨论会主题是根特市文化广场。

对于外行人来说或许不理解为什么落选的建筑会成为话题。根特市文化广场设计竞赛，伊东丰雄以落选告终，仅成为纸上的作品。但是在建筑界，不论最终能不能建造出来，某些作品都具有重要的意义，也有持续讨论的价值。

德国建筑师密斯·凡·德·罗于20世纪20年代初期建造的“玻璃摩天大楼”，仿佛要“消灭”建筑的物理形态，展现现代主义，这个作品至今仍在被提及讨论。这件作品只留下了泛黄的草图，是想象中的建筑。当时的《芝加哥论坛报》为总公司举行的国际设计竞赛保留了设计稿。其中有许多落选的设计稿，虽然设计者本人已经离世，但现代建筑师仍然会分析当时设计竞赛的草图，探究设计者当时的想法。也就是说，建筑不仅局限于实体建筑，也包括思考的建筑物。

GA JAPAN 的编辑认为根特文化广场奇特的造型无论如何都应该在这里讨论。之前参与这个项目的五名职员也加入了这次讨论会，包括一位日语流利的外籍职员和一位日语不太好但计算机模拟方面颇有贡献的外籍职员。

GA JAPAN 的编辑提出了很多问题，频繁出现“抽象”“自由”等词汇。

“抽象”是伊东丰雄一直以来坚持的概念，随着时代的变迁，他采用“透明的身体”“界限变得模糊”“流动性质的空间”等表现方式。虽然语言的表现方式有很多种，但结论是，建筑并不是有厚重的门墙，而是当人站在那里时自然而然地浮现出来的场所，或许像空气一样难以捕捉。“人们聚集在樱花树下，用帷幕围起来的话，那不就是一种建筑吗？”听说伊东在喝醉时会说这样的话。

建筑不是不可动摇的事物，就像人的心情会变化，人的身体会移动那样，建筑内外的界限也很暧昧，容易变化。伊东丰雄追求的是这样的目标。超越只以抽象的直线构成空间的现代主义建筑，追求更高的抽象感，不论梁柱、墙壁或地板都尽可能细薄，就像是要消除建筑的物理状态。

在今天的讨论会中谈到“抽象性”，虽然日渐受到重视，但目前仍只是视觉上的效果罢了。

“以前线不分粗细，面没有厚度，窗框的线条也不明显，即使想追求让这类素材消失的抽象感，但自从布鲁日的展馆（2002 年，伊东丰雄在比利时的作品）之后，将形塑空间本身的方法、让空间成立的构成理论纳入结构，思考是否可以直接表现抽象感。”

负责结构工程的新谷真人说，为了只在视觉上表现抽象和轻盈，有时在结构上也得下功夫。为了支撑同样的负重，将原本在中间的洞使用 2 厘米的方形钢管改为细柱，而使用 8 厘米的方形钢管的话，为了不浪费材料，在焊

接上会更加耗时，效果也会变差。看起来又细又轻的柱子实际上要花费更多额外的成本。

新谷说，最初不明白伊东丰雄为什么要执着于轻盈，原本推测或许是从玻璃的透明感上获得灵感，但以结构工程的角度来看，玻璃其实也不是透明的。2000年竣工的樱上水K宅是他第一次和伊东丰雄合作的项目。起初以为要用钢筋水泥，但伊东丰雄突然说想要改用铝做结构。他说，当时伊东丰雄发现能建造出不只是外观轻盈，而是“真的很轻”的建筑。

新谷与伊东丰雄共同开发结构系统，参与了布鲁日展馆、根特市文化广场、TOD’S表参道大楼的项目。在这些项目中，结构与非结构的部分合二为一，支柱、基础、表面涂饰的材料等，从外到内的层级完全消失，他感到“建筑正朝着新次元发展”。

新谷说：“这已经不能用现代主义或后现代主义概括，和轻重也没有关系。探索形态的力学特性，这对每个人来说都是挑战。在泡沫经济的时期，日本的设计力衰落，但在资金缺乏的时期，设计力却似乎明确了。”

或许正是因为日本的设计、结构、施工系统并没有完全分离，互有联系，因此才激发出设计力，日本建筑师也在这方面获得了一定成就。

根特市文化广场模仿人体内部，由垂落的墙壁和管子构成复杂空间，但其构成系统其实很简单。让一块具有伸缩性的布料穿过上下的板子形成格子状，在交叉点固定，用两块板子的张力形成互相交错的不定型空间，这种构造只要通过一种方法就能建立，而且构造与空间可以达到一致。

伊东丰雄补充道：“不论建造出什么，我们所思考的内容没有改变，从这个层面来说，这就是自由。”到目前为止提到了结构与建筑、内部与外部、固定与流动的部分，这些都可用一个结构系统控制。这就是伊东所说的“自由”吧。这个结构系统究竟能达到什么程度，达到怎样的极限，目前并不清楚。

“可是……”编辑问道：“容易迷路或功能的问题要如何处理？您之前

说过，功能的基本类型已经改变，也就是说，之前在这方面觉得有深度的建筑其实比预期的要浅显。”

这段话用了一些专业术语，所以外行人可能难以理解。其实是说：“这么容易迷路又难理解的空间里真的能发挥建筑原本作为音乐厅的功能吗？”

伊东丰雄对这个问题的解答同样让外行人难以理解。

“功能是制度上的问题。”

制度是规定或者法律，也就是人们深信“应该这样做”的行为准则。以建筑来说，比如音乐厅应该要怎么样，四个人的家庭应该要怎么设计等，这类制式的思考。理所应当的事物比比皆是，但不论看起来多么理所当然，某一种形式或做法也许只适合某个时代、某个场所。

伊东丰雄有和这种情况正面冲突的经验。2000 年竣工的仙台媒体中心就是如此。

仙台市为了建造将图书馆、媒体中心、艺术中心合而为一的建筑举办了设计竞赛，伊东丰雄团队获得胜利。伊东丰雄的设计方案是以无机质且薄的地板消除七层楼建筑的分层，由 13 根柱子贯穿地板，支撑占地 50 平方米的正方形建筑。也就是说，这不是稳固厚重的建筑物，而是为了让人可以四处移动而准备的空间。

通过计算机就能获得知识的时代，什么样的空间能让人心情愉快，让人想专程前来呢？这栋建筑正是伊东丰雄对这个问题提交的答案。没有多余的墙壁，按照用途设置隔间，一楼的玻璃门敞开，设置夏天可以接触外面新鲜空气的咖啡座，或者缩小办公室的空间，让馆内工作人员和参观者一样在馆内穿梭。人潮如流水般在馆内自由穿梭，看到感兴趣的东西就停下来观赏，观赏完再离开。与其说这是一座威严的建筑，倒不如说是生活中的一个部分。

伊东丰雄的设计中提及的这一切都遭到了制度的反对，一般来说，用途和功能都很明确的建筑物，尤其是公共建筑，应该要分为“A 室”“B 室”等，要按照功能分配面积。伊东丰雄只是想建造建筑物而已。功能如何，责任划分如何，都不曾考虑。没有墙壁之后，大家更加注意自己的行为举止，但也感到失去了安全感。伊东丰雄写道："混乱就从采用了我们的设计方案的第二天开始。"

结果，仙台媒体中心成为公共建筑的异类，除了设计者、仙台市相关人员、研究者、媒体记者等也参与了争论，直到竣工，争论依然在持续。与市政府方面协调毫无进展，僵持数月依然悬而未决，伊东自己也在考虑是否要让步。

在这种背景下完成的仙台媒体中心，图书馆、媒体中心、美术馆、无障碍空间等都是完全连续的空间。如今，来自各地的男女老幼在其中度过了悠闲的时光。

"比如，有人问能不能在外面举办音乐会，我们就要想办法实现，解决噪声或音质不好的问题，让在外面听音乐的人心情愉快。"根特市文化广场内部弯曲贯通的橡皮管的空间看起来很适合作为音乐会的场地，即使很容易迷路，在里面能听到四面八方的音乐，这样很混乱，但其实也不错。拥有超越制度和常态的思想和空间更加重要。

讨论持续中。事务所的职员也认为，仙台媒体中心之后，迎来了事务所的一个转机，必须好好把握。其中一个人说："如果不根据功能创造型态，那究竟要根据什么创造型态呢？虽然我们做的事情很有趣，但我不希望那只是装饰。事务所正处于修正过程中。"

工作室形态的设计事务所也有很多种。有的是担任负责人的建筑师有独特的才能，与职员的关系像是以前的那种师徒关系。有的则是负责人有很强的社交能力，获得工作之后交给职员去完成。

伊东丰雄建筑设计事务所目前就像是乘坐小船的一群人吧。虽然追求现代主义的抽象性，但船长最近改变心意，更改路线。变更不是以命令的方式，而是以感染或是传播的方式，负责掌舵的他们必须以自己的方式理解新的道

NO Smoking

路。职员参加过讨论之后，头脑变得更灵活。

伊东丰雄对此也有所体会："我经常被质问，作品是否陷入一种表现主义。现在，现代主义的建筑师们心有不甘，也产生很多疑问。所谓建筑，是出于某种冲动而展开的。"

不是出于音乐厅的功能，而是出于"想在这里建造洞穴"的感觉，他脑海中浮现出根特市文化广场的原型。不是理性地创造，而是根据自然或是自己感觉自然。"蕴含着创造出生动建筑的想法。"伊东继续说道。

某位35岁左右的职员代替60多岁的伊东丰雄说道："他并不希望被人说'只是因为到了这个年纪了'。"另一位职员补充道："我们所从事的并不是表现主义，21世纪的我们是以简单的规则让复杂的空间自己生成。"

讨论接近尾声，伊东丰雄开玩笑地说道："如果总是提出这种脱离制度的设计方案，我担心会让社会无法接受呢。"

在建筑史中确实有某位建筑师因为连续建造奇妙的建筑物而被世界排斥的。高第就是其中之一，虽然人们觉得他很伟大，但因为其脱离常识的创造行为让人们感到恐惧。

"究竟要如何区分，在日本很难斟酌吧。"

开办事务所

1971 年，伊东丰雄创立了自己的设计事务所，那已经是四十多年前的事情了。他从东京大学工学部建筑系毕业之后，先在菊竹清训建筑事务所工作了四年，辞职之后，经历了两年的空白时期，他创立了自己的事务所。事务所最初创立时，名字是“Urban Robot”，简称“URBOT”，意思是“都市机器人”。

辞职之前，伊东丰雄曾考虑重回大学学习计算机。之前，他曾接受当时的经济企划厅派遣，去欧洲和美国考察了 40 天，当知道都市发展分析需要运用计算机，这给他留下了深刻印象。

当时派遣团除了伊东丰雄之外，还有 NHK 的工作人员、东京工业大学的社会学研究者、东京大学医学系的助教、日本电报电话公司（NTT）的工作人员。经济企划厅似乎有集合青年研究者建立智库的计划。

伊东丰雄和现在担任东京大学的名誉教授、精通 IT 的月尾嘉男很熟悉，月尾嘉男是他在东京大学同一时期的校友。Urban Robot 是两人共同经营的，由伊东丰雄负责建筑设计，由月尾嘉男负责软体设计。当时由于学生运动，东京大学被封锁，伊东丰雄重返校园的计划只能搁置，月尾为大阪世博会的活动广场机器人担任软体设计之后，在丹下健三身边指挥该广场设计的矶崎新将他留下来了，因此月尾无法再与伊东一起经营事务所，于是，伊东丰雄开始自己经营。

事务所设立初期，成员有三人，即伊东丰雄、祖父江义郎、名田翠。两年后，石田敏明加入。在 1976 年事务所赢得日本航空（JAL）柜台设计竞赛一等奖，收入增加之前，长期以来都只有这几位成员。

Urban Robot 事务所位于青山，走进青山学院旁的岔路，有一栋四层楼的黑色建筑，其所有者是伊东丰雄的姐夫。他的大姐和姐夫也是他最早的作品“铝之家”的委托人，他在年轻时获得了家人的支持与帮助。

伊东丰雄的建筑设计事务所就位于这栋建筑里，面积约为 40 平方米，四个人的桌子一摆就没有空余的地方了。电话只有一部，就放在伊东丰雄的背后，只要有人打电话来，某位同事就会看着伊东丰雄接电话的背影。

在事务所的入口处摆放着名为“冥想箱”却不知做何用途的箱子，宽约 2 米，长约 1 米，有一个小口，里面一片漆黑，箱子表面是黑色的，上面写着带有 20 世纪 60 年代风格的红色符号“U”，这除了代表 Urban Robot 的首字母，还有“回归身体内部”的意思。伊东丰雄年轻时设计的这栋建筑至今仍保留着，给人 20 世纪 70 年代的印象，让人怀念。

1973 年，石田敏明加入事务所。石田敏明出生于广岛，在广岛大学就读，大四那年他来到事务所打工，他觉得如果要从事建筑行业，就一定要去东京。石田从学生时代就很喜欢菊竹清训的建筑，熟人建议他“想要找工作，最好跟随接下来会拓展业务的新建筑师”，于是他将目标放在了离开菊竹清训事务所的“门生”那里，其中，一年前凭借“铝之家”崭露头角的伊东丰雄成为他选定的目标。为了来东京发展，石田提前修满了学分，在大四时他只剩下毕业设计要做。

1972 年春天的某一天，石田敏明突然打电话到伊东丰雄的事务所。他生长在广岛东部的福山市，当时广岛大学的工学部位于南部的吴市，他的生活圈基本就在广岛周围，那时候是他第一次来东京。他当时乘坐的新干线是 1970 年为了大阪世博会而修建的，其实原本可以先写信给伊东丰雄，但他在抵达东京车站之后才给事务所打电话，在此之前他完全没有和伊东丰雄有过联系，也许他觉得自己大老远来到东京，应该不至于会吃闭门羹吧。

“我想他一定觉得很困扰吧。”石田这样推测三十多年前伊东丰雄的心情。不过，当时他太过紧张，只能任由自己的心情引领着自己，根本无法思考其他。当时他 21 岁，伊东丰雄也只比他大 9 岁，时年 30 岁而已。电话由同事接起，之后转给伊东丰雄。

“这样啊，那就见一面吧。”伊东这样说着，而且似乎没有不高兴的语气，这让石田如释重负。

东京的一切对石田来说是文化上的冲击，东京站的月台很大，超乎他的想象，他并没有遇到本该前来接他的高中朋友，通过车站广播两人才得以见面。在广岛时他参加过《新建筑》杂志举办的设计竞赛，他请伊东丰雄看自己的参选作品，对石田而言，这是他相当自信的一个作品，他相信一定会入选，但同样参加设计竞赛的伊东丰雄已经收到了入选佳作的通知，这让石田感到意外。于是，他明白了，自己只是过度自信的来到东京的“乡下人”。

事务所常与隔壁的商业制作公司一起在顶楼开派对，摄影师和模特也会来。从广岛而来的石田觉得这一切都很新鲜。当时与建筑相关的媒体也没有现在多，关于建筑的新动向只能通过几本杂志得知，伊东丰雄是石田见到的第一个建筑师。

然而，当石田开始实习时，他才发现事务所的工作都是和建筑脱离的，通商产业省的委托研究、跨越高速公路天桥的栏杆设计、冲绳海洋博览会的运送系统模拟等，原本他期待能从事建筑设计，却没想到都是土木工程。

1972 年，伊东丰雄入选《新建筑》杂志的住宅设计图是从正方形箱子上方和侧面凸出许多筒状物，以“没用的胶囊之家”为概念的住宅方案受到瞩目，但实际上只有“铝之家”。事务所的收入来源主要靠土木工程这些零星的业务，幸亏如此，石田才可以领到微薄的薪资，寄给朋友，凑够在东京的伙食费。

兼职了半年，石田为了完成毕业设计而回到广岛，次年 3 月，不等毕业典礼他就带着毕业设计的作品来到了东京，再次敲响事务所的门，伊东丰雄脸上露出“真是拿你没办法”的神情。事务所依然没有大笔的收入来源，不过这时正好有一个别墅建造的业务，石田被允许留在了事务所。

当时的事务所只有四个人。石田敏明在 30 岁时创立自己的事务所，期间在这里工作了八年。即便在他辞职之前，事务所也只增加了几名职员，由于一年只接到一两件住宅设计的工作，一件工作都是由多人共同完成。如今，如果有委托人委托年轻建筑师设计自己的住宅，虽然年轻建筑师缺乏经验和洗练的设计风格，但其作品一定是充满年轻建筑师特有的理念或设想的独特住宅。

由于时间充裕，没有工作的时候，事务所经常举办读书会，总会谈论筱原一男的住宅建筑。筱原先生的想法是，住宅建筑必须有独自的方法论，对于当时只有住宅方案的伊东丰雄而言，这是很实用的主题。读书会是由伊东丰雄提出主题，参与人员各自提出意见的形式进行的。

20 世纪 60 年代后半期，由新陈代谢派掌握着建筑理论，但在大阪世博会之后，这个热度就急速下降，需要建筑的新理论。伊东丰雄不只是对应个别工作思考这一点，他也在寻求谈论的对象。

如果不举办读书会，大家都沉默寡言。事务所白天很安静，吃完午餐之后，伊东丰雄会在铺着绒毯的地板上午睡一会。不知为何，事务所一直播放着八代亚纪和鹤田浩二的唱片。猜测伊东可能喜欢古典音乐，石田对此感到惊讶。伊东现在以“当时陷入自虐的多愁善感”为理由，但是直到现在他仍然在听八代亚纪的歌曲。

到了晚上，有时候伊东丰雄会带着大家去喝酒，这时会觉得他平易近人一些，但石田始终觉得伊东丰雄有着活跃在第一线的建筑师的气场，对于随意和他说话还是感到局促不安。

石田说，伊东并不打算急功近利地经营事务所，他推测，伊东应该是觉得“建筑师不必那么贪心”。1979 年，伊东丰雄将事务所更名为“伊东丰雄建筑设计事务所”，之所以起新名称，或许是他觉得“反复说明很麻烦”。自从更改事务所的名字之后，事务所的业务范围就逐渐扩大了。

东京 6：火葬场

从 2004 年到 2005 年，因为业务规模扩大，伊东丰雄建筑设计事务所的成员达到了 33 人。以 2005 年 10 月进行的业务为例，有东京的多摩美术大学图书馆、银座 Mikimoto 大楼、福冈的 Island City 中央公园、福岛的 SUS 公司员工宿舍，海外的有新加坡购物中心、巴黎的哥纳克 - 珍医院、西班牙的国际展示会场、办公大楼、饭店、娱乐中心、公园计划、意大利的学生公寓、家具设计等。而且因为西班牙的业务繁多，在巴塞罗那设立了分部，并在东京准备了专门的房间，称为“西班牙科”。

就这样，多个业务同时进行着，除了培养有成为建筑师潜力的职员，让他们单独负责项目，掌握大局的还是伊东丰雄。在他和职员的会议中就可以看出这点。

在 2004 年 7 月底某天的会议中，他对建筑的表现方式比年轻同事更追求“自由”。

桌上放着火葬场的建筑方案资料。这个项目在岐阜县各务原市，计划 2006 年竣工。职员带着根据基本设计图制作的模型和伊东开讨论会。看到这个模型，伊东沉默不语，他在生气呢？还是在思考？或是觉得感动？负责人对他的沉默感到不安。

伊东丰雄终于开口了：“像这样的弧度延伸下去，感觉让人难以接受。难道你们没有同感吗？”

这个模型是由正方形的方块状建筑加上带有弧度的金属屋顶构成。这让人想到伊东丰雄自己的住宅“银色小屋”，那是他二十多年前的作品。负责人听到这样的话，忍不住点头，伊东继续说道：“如果你们也这么觉得，那就再讨论一下吧。这样的建筑很不好。”

也许是那两位负责人想不出新奇的点子，就将类似“银色小屋”的部分加入这个建筑中，结果让这个建筑充满违和感。或许他们觉得伊东会喜欢，但自从“银色小屋”之后，伊东一直持续进步。不必想也知道，他不会同意将过去的东西放入新方案里。

“不要为了曲线而刻意安排曲线。”

再看设计图，他批评卫生间就那样放置在通道旁边，好像只要有通道就要有卫生间。他说道：“就像是政府机关一样。”他对这种不思考而套用已有定式的行为很不满。

伊东丰雄在向职员传达某件重要事情的时候，语气就像运动教练那样严厉。平常他的脸上看不出喜怒哀乐，但不知身体里是否还留着运动训练时的记忆呢？他读初中和高中时参加棒球队，在短跑比赛中也没有输过。

视线盯着设计图，伊东丰雄突然看出其中与建筑物相关的东西，他用手指不断描摹着等高线边缘，从曲线延长，画出圆弧，接着建议负责人，沿着圆弧思考建筑的位置。

在无意间看到的等高线上画出圆弧，当时他的建议看起来像是权宜之计，但这也是建筑师的一种能力，是在漫长而复杂的设计过程中，将许多小小的偶然组合在一起完成设计的能力。

建筑很难完全按照图纸上的完美图形完成，如果一开始就知道结果，比如组合住宅这种建筑就要另当别论了。一般的建筑要将构想在图纸上画出来，再让设计图呈现在施工工地上，再到实际完工。这个过程需要多年，构想错误、能力不足、超出预期、建材等问题会无休止地出现。

没有出现问题或许比较理想化。实际上，在大多数情况下，建筑的质量取决于建筑师解决这些问题的能力。目前尚未完工的设计或是建筑会持续出现各种各样的问题，这些问题可以理解为错误或意外，也可能因此而出现代替方案的线索。

火葬场的讨论在遭到伊东丰雄的指责后结束。

其实作为人生终点站的火葬场，其设计自由度并不高。但看到伊东丰雄事务所的设计图，觉得其中还是有许多建筑师的想法的。

家属会搭乘公交车或私家车前往火葬场，在告别室送别死者之后，目送棺木被运送到火化室，遗体火化时，家属就在休息室等候，大约一个小时，再去捡骨室捡骨，最后回去。这些流程大约要花费两个小时，所以需要设置等待的地方、卫生间、吸烟区等，但不能让各家的家属相遇，从进入这里到离开，对家属而言，仪式一直持续着。

火葬的预约安排会有意让时段稍稍错开，伊东丰雄事务所别具心裁地呈现出该空间是家属专用的感觉。一般情况下，在前厅火化炉会标示庄严的徽章图案，可以看见有好几个火化炉并排放着，而在这里却是空无一物的墙壁，只有一扇死者专用的门开着。照明是用波浪状起伏的白色墙壁反射光，安抚着死者家属的情绪。按照设计，众人的移动路线是沿着外面的池子的。

这座火葬场是市立的机构，为了应对灾害等非常情况，火化炉的数量留有富余，另外还有为宠物设置的火化室。火葬场的工作人员只有几名，在两个小时的流程内提供服务的是跟随家属前来的丧事处理公司的工作人员。现在火化炉的技术已经提升了很多，就算不建造很高的烟囱，也可以将烟雾通过多次净化从建筑侧面的水平方向排出。

对年轻的工作人员而言，设计这座火葬场是需要像设计工厂那样，结合产业设施计划和想象力的。

前往松本市

2004 年 7 月 27 日，伊东丰雄搭乘特快列车前往松本市，目的地是刚刚竣工的松本市的市民艺术馆，到达时间是早上 7 点。当天，摄影师筱山纪信将在市民艺术馆取景，为了比筱山纪信早一步到达，他乘坐了第一趟早班车。

在车上，伊东丰雄说："稍有松懈，就会瞬间落后 300 米了。"

他为什么有这样的感悟？他解释道："建筑是一种生存竞技比赛。"在中学时代参加过跑步训练的伊东丰雄一定见过领先他 300 米的选手的背影吧。

对于建筑，伊东丰雄一直否认自己已经确立了风格。1988 年，日本的建筑出版社"新建筑出版社"为他出版了特辑，其中刊载了自"铝之家"以来 17 ~ 18 年间的作品，这个时期正是他的作品增加，作为建筑师开始备受瞩目的时期。当时他 47 岁，在书中的访谈内容里，他答道："我并不想创造自己的风格……如果要固守原有风格，对我来说是很难的。即使到现在，我对自己的作品也感到厌烦。我要以此作为下一个作品的基本架构，然后替换别的东西，或是将其作为反面教材……追求建筑的'道'，是我最不想做的事情。"

松本市市民艺术馆是在仙台媒体中心之后的作品。除了最开始的几件作品，执着于"轻盈"的伊东在仙台媒体中心之后的变化极具戏剧性，甚至到了让建筑界人士感到混乱的程度。伊东丰雄在此之前的建筑是以细建材、薄壁和透明玻璃为材料，以此减轻建筑的质感，那时，他仿佛只创造空间，他的建筑就像是"皮囊"一般毫无存在感。不论是演讲还是杂志访谈，他都会说这种执着。他对聆听的听众视而不见，只迅速地讲述自己的想法，听众对此感到惊讶。

仙台媒体中心最初也是计划设计成轻而透明的建筑。整体要达到无机质的感觉，只有薄地板叠层。在最早的草图中，柱子像是海藻一般摇曳，没有柱子会更好，但这样行不通，只好做成持续摇曳的样子。在摇摆的柱子中间是空洞，从天花板射入光线，照射到各层，也就是说，这是由光线贯穿七层楼地板的建筑物。最后将设计图改成半径不同的 13 根光之柱。

为了尽可能消除柱子的存在感，空间以交错的铁管组合而成。柱子的半径虽然很大，但构成要素却很小。有点像是海藻，但海藻没有承载建筑物的力量。在建筑过程中出现的 13 根柱子让人失望。

伊东丰雄在某一刻应该已经明白了，建起来的 13 根柱子看不出“海藻”的感觉，伫立在那里的只是物体。桌上的草图或模型与实际的建筑有很大的落差。施工工地飞散着火花和铁粉，工人们的手将建筑塑造出来，终于竣工。

对伊东丰雄而言，和铁“斗争”的这一幕会封存在他的记忆里吧。建筑呈现出透明感，铁柱已经被涂成白色，这里再也不会有飞散的火花和铁粉。然而，勾起这段回忆的却是仙台市的市民。当仙台媒体中心开放时，他们很喜欢这些柱子，“那栋有着奇怪柱子的建筑”成为仙台媒体中心的象征。那些柱子是不是“海藻”跟他们无关，他们对此也毫不关心。在没有隔间的空间里，13 根柱子就像是树木一样，人们尽情在其中游玩。

伊东丰雄在毫无预兆的情况下达到了建筑新境界，他说：“有这样的建筑也很好。”花费了数十年探究现代建筑，他想，不只是轻或透明，能否通过强度和象征超越现代主义，实现另一种建筑形态呢?

“有人说仙台媒体中心的方案中，我的设计超乎寻常……”他在某次访谈时这样说道。如果追求建筑轻盈、透明的极限，那么最后会把人暴露出来，那么建筑存在的理由与建筑自身就会产生矛盾。他在完成仙台媒体中心的几年里，据说已经注意到了这种矛盾。就在意识到这种矛盾时，仙台媒体中心竣工了，成品让人相当惊讶。在这种矛盾中持续精进的建筑师，他所设计的建筑本身就是解决矛盾的答案。

伊东丰雄说，在仙台媒体中心完工的5年里，他的思想冲击可以与过去30多年的建筑师生涯感受到的冲击相匹敌。他与过去30年追求的直线、不带素材感的现代主义建筑彻底告别，探求除此以外的各种可能性。当时他已经60岁了，就要到风格应该稳定的年纪了，但此时他正要开始新的实验。

回到之前的内容，在开往松本的特快列车上，他形容建筑是“一种生存竞技比赛”。对他而言，在仙台媒体中心竣工之后完成的松本市市民艺术馆也必须朝着新时代前进。

“当然，有顺利的时候，也有不顺利的时候，只要坚持下去，就一定能找到问题，不能半途而废，不能左顾右盼，不能想稍微休息一下……”

伊东丰雄关注的是实验性质。在建筑史的棋盘上前行，下一步究竟是什么？将既有的技术扩展到几乎不可能的领域时，我们究竟能做什么？这才是他最关注的。

“我不喜欢像赏玩古董一样，只是企图让建筑自己变得洗练。”

伊东在谈论自己的立场时，直接而爽快的程度让人惊讶。他接下来列举了只是在“赏玩古董”的日本建筑师，初见时并不觉得他带有攻击性，说话也不犀利，所以并不容易察觉他有这么坚定的立场。

但在他内心深处，20年前接受《新建筑》杂志访问的那位建筑师似乎依然存在着。

松本市市民艺术馆几乎是为了符合“丰收”这个词而存在的，是色彩、素材、光线不断涌现而出的空间。很难想象，这座建筑的设计者与仙台媒体中心是同一人。

伊东丰雄在入口处迎接筱山纪信，他在与人见面时习惯早到。这一天，为了早到，他特意搭乘早班车抵达。筱山纪信带着两名助手，携带了很多摄影器材到达。

从上空俯瞰，松本市市民艺术馆呈现葫芦形或小提琴形。据说在圆弧的轮廓里变得较窄的部分是为了隔离两个分隔的音乐厅产生的音波而设计的。音乐厅位于二楼，可从一楼搭乘自动扶梯上去。

艺术馆的外观仿佛散发着淡淡的银色光芒，在搭乘自动扶梯时会发现那只是序曲而已，自动扶梯旁是镶嵌着半透明玻璃的墙壁，玻璃折射出无数光芒，置身其中仿佛感受到光雨洒在身上，让人莫名喜悦。

如果是搭乘电梯上二楼，二楼音乐厅前铺着酒红色的地毯，在地毯各处还有仿佛是水滴坠落般颜色渐变的地方，代替水滴的是形状奇特的椅子。

那些椅子的形状像是成熟的美味水果从中间切开那样，最上面是平坦的一面，下面的部分则富有弧度，表面光滑，没有接缝，好像是从虚拟世界跑到现实世界的奇妙物体。

走过接连不断的长方形空间，进入由通道包围的大音乐厅。“丰收”的印象在这里达到巅峰。1800 个从深到浅的酒红色座位起伏相连，据说是为了表现从舞台传播而来的高低音色。伊东丰雄这几年对酒红色很感兴趣，选择这种颜色的原因大概是他想到了历史、土地、太阳、人类吧。这个颜色雍容华丽，即使没有演出，也能让人想象到听音乐、欣赏歌剧的情景。

“就像威士忌。”筱山纪信眺望着音乐厅如此说道。从一开始，筱山纪信就与沉稳的伊东丰雄形成对比，他们以各自充满活力且略有些急促的步伐在艺术馆中漫步。

“原来如此，原来如此，”筱山纪信对伊东丰雄的解说不断附和。

“座椅请人用了 4 种线织成 10 种颜色。”

“原来如此。”

“墙壁有 25 种颜色。”

“原来如此。”

“天花板有 100 吨重，由于是升降式，可以将座位减到 1300 个，把天花板降下来，音乐听起来会有不一样的感觉。”

“原来如此。”

附和的同时，筱山纪信似乎已经决定好要将伊东安排在哪里摄影，如何构图。这次是为了拍摄筱山纪信在杂志上连载的创作者肖像照片和即将跟伊东丰雄的作品一起展览的照片。威尼斯建筑双年展是两年举办一次的国际建筑展览会，主要展示世界知名建筑师的作品图纸、模型、照片等。

“这座音乐厅与周围的建筑截然不同。”筱山纪信说完之后，他让伊东丰雄站在音乐厅中间，然后他在后台的一侧架好三脚架和相机，以起伏的酒红色座椅为背景，拍摄站在舞台上的伊东丰雄。

筱山纪信的相机必须由两个人才能架好，听说是历史悠久的品牌迪尔多夫的产品。相机外框是桃心木制，以前是在美国制造，但据说这家公司已经倒闭，现在在日本制造。过去十年来，筱山纪信相当喜爱这台相机。在酒红色的“深海”中，突出身着白色西服的伊东。

这一部分拍摄完之后，他们离开音乐厅又拍了两组。筱山纪信无法接受“先这样拍之后再说”的拍摄，他从一开始就很清楚要在哪里拍摄，所以，他每一次按下快门都是正式拍摄。

体型庞大的相机采用连在快门键上通过按压控制的快门线，只要用拇指一按就可以启动快门。筱山纪信在按快门前精神亢奋，周围的编辑、事务所的职员都屏息看着，伊东本人坐在奇特形状的椅子上，背部微弯，身体放松。

伊东丰雄看起来没有受到筱山纪信急促脚步的影响，仿佛在眺望远处的风景，一点儿抬头挺胸的意思也没有。

筱山纪信和矶崎新在乃木坂的同一栋大楼开设事务所，曾用“筱山广角”的技法，用广角镜头拍摄城市建筑，摄影作品在杂志上连载。他一边拍摄现实的世界，一边又将拍摄的风景蒙上一层梦幻的氛围。

“筱山广角最后拍摄的是假象哦。之所以能拍摄出与实际空间感觉不同的画面，是因为大家觉得有趣。”

摄影结束后，筱山纪信、助手、伊东丰雄、事务所职员、杂志工作人员一起在附近吃午餐。筱山纪信对建筑与都市的摄影主题进行说明。1986 年，筱山纪信也拍摄过“银色小屋”，在已经停刊的建筑杂志*SD* 上面。那张照片印在折页处，有四页的篇幅。伊东和他的太太，还有当时在上小学的伊东的女儿各自待在不同的地方，面无表情地站在那里让筱山纪信拍摄。

“你们不觉得那里令人惊叹吗？”筱山纪信边说边将双手举到头发旁。他说，因为银色小屋本身不会让人感到强烈的张力，所以就让住在里面的人分散开来拍摄。

伊东说，他看到照片很惊讶，因为筱山纪信将冷冰冰的铝也能拍摄得这么鲜艳。但他也承认，照片中的一家人缺乏活力而且有些疏离。

诹访市：前往东京成为建筑师

在前往松本市市民艺术馆的特快列车上，伊东有一次看向车窗外的右边，一次看向左边的动作。第一次的地点是丹下健三在1966年建成的山梨文化会馆的甲府站附近，还有一次是在诹访附近，伊东在这里度过了幼年到中学时代。

曾经是事务所职员的细谷浩美，有一段时间在欧洲鹿特丹的分部任职，他说伊东在海外演讲中，对仙台媒体中心进行说明时，是以“我出生的诹访有湖……”作为开场的，非常具有日本特色。对自己而言重要的东西，从个人的体验来创造印象。寒冷的冬季，诹访湖白色的风景，或者是湿润的夏季对水的记忆，对伊东而言是原始的风景，也是想象力的源泉。

戴着白色兔毛制成的耳罩，小学生伊东丰雄每天都会在寒冷的空气中沿着诹访湖步行去学校。他的家就在靠近湖畔的地方。那时，他身上穿着粗糙的校服，穿着长袜，剃着光头，是个典型的乡下孩子。

伊东一家搬到这个地方是在2岁左右，1941年，他出生在首尔。诹访是父亲的故乡。

伊东的父亲伊东桢雄一个人来到首尔，一直做到了三井物产相关商社的社长。伊东桢雄在父亲事业失败之后中学就辍学出来工作，非常辛苦，也因此崇拜丰臣秀吉。这也是儿子“丰雄”名字的由来。在1942年，父亲先让妻子和两个女儿，还有2岁的伊东丰雄回到日本。之后自己从首尔逃回来。

回到故乡安定下来的伊东桢雄，先从事造纸业，又开味噌店，不断积累财富。伊东说：“父亲是个很会做生意的人。”同时，伊东桢雄在从首尔回来之后，好像也想要过半退休的生活，不仅组织了棒球队，还深入研究李朝青瓷，被誉为李朝陶瓷研究的第一人，柳宗悦和伯纳德·利奇也来家里拜访过。

伊东桢雄喜欢艺术，所以会领着儿子去参观美术馆和博物馆，还会带他去画画。而在伊东丰雄小学 6 年级的时候，伊东桢雄因为脑溢血而突然去世，享年 54 岁。伊东说："那之后家里全是女人了。"最大的姐姐比伊东大 18 岁。因为是长子，所以总被大家盯着。"啰啰唆唆很烦。"

在伊东读中学的时候，母亲决定从诹访搬到东京。因此在东京的住宅打算委托建筑师来设计。母亲用心良苦，"不希望被当作是乡下来的傻瓜，在东京不要被骗。"

最初接触的是弗兰克·劳埃德·赖特和安托宁·雷蒙德的学生吉村顺三。虽然伊东的姐姐和吉村的妻子是日本女子大学的同学，但因为吉村非常忙，设计要等半年之后才能开始，而且听说设计费用占总费用的 12%，于是最后放弃了。

接下来接触的是经姐夫介绍的芦原义信。姐夫是幸田露伴的亲戚，经过他女儿幸田文的介绍，通过中央公论社认识了芦原。芦原义信当时刚从哈佛大学留学回来，完成了中央公论大厦的项目，是当时备受瞩目的年轻建筑师。芦原的设计费是 8%，并且痛快地答应了母亲立刻开始设计的要求，设计 30 平方米的木制平房。伊东记得母亲是个抱怨比较多的"棘手的委托人"，到最后芦原可能也有些为难。

"真是非常平淡的家啊"，这是伊东搬过去时对新家的印象。看当时女性杂志上的时尚家居里都有暖炉等，他感觉很"厚重"，而这里感觉是"使不上劲儿"的廉价房屋，但是正面非常漂亮。不过，芦原设计的 18 级室内台阶不好用。从玄关到摆放钢琴的起居室之后，突然就出现了高 1 米的平台。不知道为什么这里会有这样的高度差。事务所的职员推测，正是受此影响作为建筑师的伊东丰雄才会对平板床很执着。在结婚数年之后，他设计了自己的银色小屋，在此之前，他一直都住在芦原设计的家里。

在升入日比谷高中后，他是棒球部的左手投手。伊东说："棒球比吃饭更重要。”他也很擅长竞走，是典型的运动青年。他在赋闲一年之后考入了东京大学建筑系。虽说在赋闲的那一年中放弃了棒球，但这并不是他学习建筑学的主要原因。

1961年，他进入东京大学。当时东京大学工学部建筑系深受丹下健三研究室的影响。在走廊中摆着“东京计划1960”等模型，伊东也通过丹下对近代主义建筑有了憧憬。从丹下研究室开始，大谷幸夫、浅田孝、 文彦、矶崎新、黑川纪章等，这些顽强的年轻建筑师们先后筑巢，在这周边酝酿出了日本首次城市计划风潮——新陈代谢派。

对这个将城市和建筑看作生命体的新陈代谢派，伊东也非常关心。

新陈代谢派不是静态的，而是有新陈代谢的，要时常更新自己的城市以及建筑，它的发展是以可扩张的系统为前提，包括住宅和办公室等要素，这些都可以自由地更换。虽然也有离开现实具有未来性的考虑，但是同时也和当时二战后高昂的国土建设氛围非常匹配。

当时经济计划厅的官员河边淳也参与新的全国综合开发计划，他和丹下的关系很要好。当时设计的计划是，建设14 000千米的全国新干线网络。不只是考虑逐条采用计划，还要考虑100年左右的长期建设。开始施工，即使暂时竣工了，之后还是会继续建设。“虽然像是痴人说梦一样的全国计划，但这并不是空想。”日本全国都沸腾了。

伊东的毕业论文是《在建筑中导入时间概念》，在现有的上野公园注入新陈代谢派的构想，他获得了毕业设计的优秀奖。他在大四时去参观菊竹清训建筑设计事务所，夏天在菊竹清训的事务所做了1个月的实习生，毕业后，伊东来到这里就职。后来伊东说，那时候第一次感到“建筑好像有点儿意思。”

伊东的大学同学，担任大成建设专务的山田浩说，他记得当初伊东是打算在构造系研究室写毕业论文的。“他上了很多的构造课”，还找克明去记笔记。山田认为，现在，伊东这么多构造实验的源泉就是这个。

山田去芦原义信设计的伊东宅邸拜访时，觉得“果然得住在这种家里才行。”伊东的母亲当时穿着和服，给人一种家庭环境很好的感觉。

还有他的同学，日本设计顾问大井清嗣，记得从上学的时候开始就觉得伊东的设计舒展顺畅，充满感性。“不猎奇，很直白的感觉。是发自他内在的设计。”伊东自身的性格也是如此，只要与人交往的话就会认真对待，他是一个认真的人。

另外一个同学，担任大林组专务董事的原义孝，对伊东画的设计图的印象是，“好像是建筑上装饰着树枝。”在绘图课上他也是认真学习的学生。但是，伊东上学是开自己的车来的，看起来就是家境优渥。

“我那时候还在打工，拉着两轮推车给百货店送货，我还在想伊东是不是都不用打工啊。”在原义孝看来，伊东应该是没有任何经济上的困难，但实际上伊东当时在做家庭教师。在同学眼中，伊东是“认真、成绩也好的公子哥。”但是大家也异口同声地说，“即使有名了，也和学生时代时一样。”

顺便说一下，当时的建筑系非常没有人气。虽然是从大二后期开始选择专业，建筑系只收第一志愿都收不满人，来这里的不是优等生，而是成绩不好的学生。丹下老师总是穿着条绒上衣，上课的时候也只是小声地念笔记而已。因为和喜剧演员三木德平似的，所以背地里学生都喊他“德平”，而且经常会停课。

1965年，伊东丰雄毕业。当时，日本最初的高层建筑霞霞关大厦和New Otani宾馆竣工。当时从建筑系毕业的大约有40人，其中在工作室就职的有10人左右，2人创立设计事务所，10人加入建筑公司，还有4人进入建设局和住宅都市整备公团等政府组织，剩下的人读了研究生。工作室的工资很低，如果不是家庭条件不错的话一般是不会考虑的。

伊东加入事务所的时候，菊竹是新陈代谢派的核心人物，被认为是丹下健三之后可以代表日本的建筑师。到伊东毕业为止，菊竹清训发表了塔状都市、海上都市等基于新陈代谢派的城市构想，作品有“空中住宅”“出云大社厅舍”等。在作品中，隐藏着日本本土建筑的原型，在近代主义建筑的潮流中别树一帜。

菊竹从物理学家武谷三男的理论“现象论阶段，实态论阶段，本质论阶段”中获得启发，得出了“神”“型”“形”三个阶段的设计方法论。“神”是本质的，建筑是从构造和视觉开始，实态的“型”是用技术的可动化阶段，现象阶段的“形”是确定实际的形态。三个阶段环形相连，把“形”中的功能去掉就回到了“神”。这不仅是建造建筑，同时也是菊竹事务所的工作系统，伊东说他有段时间加入了“神”的构想组。

当时的菊竹精力充沛地完成了一个又一个建筑作品。事务所职员也充满了干劲。根据伊东所说，菊竹总是把想法直觉性地展开，然后画成草图。职员们再在第二天早上之前把它用设计图和模型表现出来。多数情况下，菊竹会跳过理论只靠直觉来引导行动。在工作室内充满了禁欲主义的气息，事务所中不能笑，不能吸烟，设计图的文字的间隔要在 2 厘米以内，铅笔要用 HB 的。

伊东刚就职，就参加了信息都市计划的工作，之后又加入名为“双城计划 1965”的城市构想计划。

“这不是可以找到样本的东西。不得不去思考不知该如何下手的东西。最初和伊东先生聊的时候，我就觉得他是能够这样思考的人。”

在透过玻璃就可以看到自己住宅的事务所内，菊竹这样描述初见时的印象。

“大学毕业之后大家都没有什么能力，但是觉得伊东先生很优秀。并且如果要找一个有能力去考虑新环境的人，他很合适。”

说到那时的城市规划，欧美风是按照用途划分区域，这里是住宅，这里是商业区。但是双城计划利用据点、网络、隧道的方法论，调查日本情况的同时，又表现出多摩的田园城市沿线的开发和城市生活状况。在 1966

年的《新建筑》上刊登的报告中，除了有菊竹，还有当时的职员内井昭藏、仙田满、长谷川逸子，伊东的名字也在其中。

“还留有从樱花树下走过去上学的记忆。”菊竹清训认为，从生活中寻找灵感是很重要的。为了理解他人的感情而进行讨论是必要的，“只能自己进行思考的人会有很多麻烦。”

菊竹对城市和建筑的思考根源，源于六百多年前的九州老家的家族断代，因为土地，他的故乡没有了。作为新陈代谢派的代表，他的塔状都市和海上都市都是“制造土地”的方法。山谷可以建造商店，山顶可以建造公共场所，神社和寺庙的周围可以建造住宅。

菊竹说：“如果不能创造文化的话，那就算不上是工作。”可以看出，菊竹在他淡定的表情之下埋藏着非常强烈的热情。菊竹静静地向下看，这个表情和伊东惊人地相似。现在菊竹清训事务所的墙壁上还挂着“神”“型”“形”这三个字组成的图案。

20 世纪 70 年代：建筑师年轻之时

在菊竹清训事务所的四年里，伊东丰雄基本都在参与“双城计划”，1969 年离职。为了 1970 年的大阪世界博览会，日本建筑界都在积极筹备。他离职之前决定重回大学学习计算机，但因为学生运动东京大学被封锁，因而作罢。

离职的几年里，他是靠着熟人委托的工作获得经济来源的。姐夫经营陶艺馆，来到东京之后伊东的母亲也在那里工作。伊东在东京的事务所也坐落在姐夫的物业青山大厦里，而它是伊东自己设计的。

1971 年，他创建自己的事务所。在日本引起轩然大波的大阪世博会，伊东作为旁观者并没有参与其中。“铝之家”是伊东在日本建筑界的出道作品，以此作为“URBOT-001”，之后又有了“URBOT-002”和“URBOT-003”，但是引起建筑界的关注，则是事务所成立数月之后的事了。在《都市住宅》上刊登的伊东的解说文是这样开头的：“1971 年夏天，在技术信奉和放弃其支配的两种交错的感情中诞生了‘私生子’，命名为 URBAN ROBOT。”

这是伊东 30 岁时写的文章。说实话，不太明白他到底想要说什么。根据时代背景来看的话，“技术”可能指的是在新陈代谢派发展中当时的建筑界在讨论的“胶囊和空间控制”的城市系统，“私生子”指的是不涉及这种系统像孤儿一样的住宅。URBOT 都是小的胶囊状，居民就像有自闭症似的住在里面，在像烟囱一样的突起的地方有一个开口部，让光线透进去以此来判断早晚，实在没办法从中出来，去往城市中心。

对认为应该借助机械来进行城市计划的建筑师们，伊东存在疑问。同时这也可能是伊东对拥有使命感的年代，感性地在建筑方面的宣战宣言。

建筑评论家铃木博之对那时的伊东的评价是："非常不屈不挠"。新陈代谢派被称为"黄金的 60 年代"，然而伊东作为嘲讽的主力，"随着自己的发展，再加上自己的 20 世纪 60 年代的观念，一副好像舍弃所有的样子一样。" 20 世纪 70 年代后半期，伊东开始接手日本航空咨询台设计以及商业大厦设计。

1972 年在《新建筑》住宅评选中获得佳作奖，认识了当时担任评委的筱原一男。伊东很快被筱原的住宅研究所倾倒。筱原认为住宅不是可交换的城市的要素之一，他研究的方向是根据住宅独自的艺术和方法论来建造建筑。

当时的建筑界，有受新陈代谢派影响的城市规划者和建筑师，也有其他的住宅设计师，后者大多数只是设计刊登在女性杂志上的住宅，并没有形成建筑理论的平台。筱原使用日本传统论和空间论等，孤独地生成住宅建筑理论。

伊东被筱原的研究吸引是有原因的。没什么工作的伊东只是偶尔从熟人那里接到小型住宅设计的工作。像矶崎新和黑川纪章这样的丹下健三的学生毕业后就会有工作，但到了伊东的时代情况发生了变化。矶崎和黑川分别比伊东年长 10 岁和 7 岁。

大阪世博会之后 20 世纪 70 年代中期为止，发生了三岛由纪夫自杀、麦当劳第 1 号店开业、浅山庄事件、中日邦交正常化、上野动物园熊猫公开展示、石油危机等事件。这是个好事和坏事交错发生的时代。

伊东之后，20 世纪 80 年代就职的隈研吾和竹山圣等人，因为泡沫经济从设立事务所的那天起就有工作。而 20 世纪 70 年代建立事务所的建筑师们错过了 20 世纪 60 年代的建筑业热潮，而 20 世纪 80 年代的经济时代还没到来，在世博会时期大热的新陈代谢派，结果在"就只是这样的东西啊"的沮丧中热度极度下降而落下了帷幕。虽然日本全国的发展都在进行，但是建设工作却没有建筑什么事儿。理由是石油危机经济不景气。

“没有工作对于建筑师来说是非常难熬的。那段时间也没有招标会。”伊东记得那时候的工作有某个美发店的室内设计。那是某个认识的杂志编辑的妹妹的店，但是说是店铺，也不过是一个只有 8 张榻榻米大小的老旧住宅改造而来的。因为也不会给设计费，所以就只是在墙壁上画个图形而已。他和职员祖父江义郎一起到那家店，两个人一起喷漆。工作真的就只是喷漆而已。

“真冷清啊。”

回到新宿之后，他和祖父江义郎一起小声发着牢骚。看了电影之后就回去了。

年轻的建筑事务所，为了能吃上饭会请求建筑承包公司给自己一些画施工图纸的工作，但是伊东说：“我的自尊不允许我这样。”所以他就没有这样做。他认为做模型更有趣，可以感受到梦想。

他记得自己因为神经质总是非常急躁，经常因为图纸的画法，设计的内容等训斥年轻的职员名田翠和石田敏明。听祖父江说，一起出去喝酒的时候石田哭着说“好痛苦。”石田之前的名田也经常哭。只有几个人的事务所每个人都要有独当一面的能力，有一个人不行都会很困难，伊东也很焦急。

没有建筑工作的伊东事务所会设计高速公路的天桥的栏杆，会为公路部设计计算机控制的汽车系统，靠着这样的工作总算可以糊口。画一张图的报酬大概是 30 万日元。几位职员的月薪是 10 万日元，还有付给姐夫的租金 8 万日元，事务所的运营费每月大概 50 万日元。一个月画两张图的话大概就能撑下来了。伊东说：“画图还是我画的比较好。”“虽然图比较脏，但是充满感情。”

充满感情的不只是伊东，事务所内还充满了八代亚纪、鹤田浩二、五木广、森进一、藤圭子的歌曲。他在自己人生非常艰难的时刻，借助歌声承载着自己的身体。

经常积满了郁愤的伊东会和石井和　、石山修武、渡边丰和、毛纲毅旷等同时期的建筑师聚在一起喝酒讨论，也经常去唱 KTV，话题基本都是讲上一代的坏话。相互批判也非常露骨。正如字面意思一样，表现出的是饥饿精神。

同时期的人获得了建筑学会大奖的话，会有“居然让那种东西得奖”这样的嫉妒和批判语论出现。最初获奖的是安藤忠雄。安藤在 1976 年建筑“住吉的长屋”之后一跃成名。也有人说“现在的奖都堕落了”。有时候喝醉了还会打架。

在某个聚会上，有人说：“在建筑承包公司的家伙，算不上建筑师。”结果出身于建筑承包公司设计部的建筑师一下冲上来揍了那家伙。还有教授打了发表人格否定言论的建筑师，被打的那个建筑师也哭了。酒、争论、KTV 还有打架这些事情混杂在一起，真的是非常热血，并且好笑。伊东经过观察说：“现在年轻的建筑师都很聪明，做那种事情只会自己累而已，所以已经不再互行批判了。”即使写文章，其中也基本不会有批判的言论。虽然不能说变脆弱了，但是确实变得无趣了。这种建筑师的团体中，还有建筑杂志的编辑以及审稿人。不论是谁哪怕只是建造一个小的住宅，大家也会过去参观，然后进行讨论。

到 20 世纪 80 年代中期为止一直是这样。伊东认为，在这些争论中，从结果上来说对打磨自己的建筑有益处。但是伊东自己没有出现在这些“打斗”中。“虽然会进行批判，但是说得太多的话就会被打，这点我是明白的。”

虽说没有工作，但是有这些伙伴，并且有更多时间思考，从这点来看，20 世纪 70 年代到 20 世纪 80 年代前半段对伊东来说是非常重要的时期。“筱原风”和“多木会”也是那时伊东生活中很重要的部分。

在东京工业大学的筱原一男研究室周围聚集了许多想要构造建筑新理论的人。除了伊东之外，还有评论家多木浩二、坂本一成、长谷川逸子、富永让等。建筑师们与20世纪60年代风靡一时的都市计划反向而行，关注点变成了和城市、社会无关的住宅。提到那时的住宅，大多受欧美的明亮和浮夸的风格所影响，但是筱原的住宅稍微不同，其中注入了新的美学和哲学。对筱原自身的设计也会有批判。

多木会是在顷祐天寺的多木事务所，伊东、长谷川逸子、坂本一成还有家具设计师大桥晃朗等聚集在一起的学习会。那是20世纪70年代后半段的事情了。那时多木也是摄影师，伊东的“中野本町之家”和筱原一男设计的住宅等，都被多木用照片记录了下来。

对于涉猎范围包含文学、哲学、美术的多木来说，他认为建筑是非常重要的。和其他的艺术相比缓慢到看不出变化，但是其中却蕴含着历史的变化。20世纪70年代，因为社会的变化所以之前作为标准的近代主义不再通用，但是对于“建筑应该根据什么而存在”这个问题却始终看不到解决的方向。因此有必要讨论一下这个问题。

当时，引用现代主义之前的装饰的同时，还出现了反映人类经验和深层心理的建筑研究。1976年完成的“中野本町之家”，就是可以看出浮现出内心深层和身体状态的空间。还出现了“建筑是不是像朝生暮死一样不需要追究永久性”的讨论。“朝生暮死”是伊东借用了法国时尚设计师索尼亚·里基尔的话。也可以将其理解成建筑的表层性和形式性的话题。20世纪80年代，泡沫经济鼎盛时期是建筑一个一个被建造又被破坏的时代，问题也转向了建筑和潮流到底有何不同。

那时候讨论的是，建筑和潮流可以相近，但是应该有一点是不同的。潮流是表现自我的，其表现出的一个一个的现象，没有再上一级的组织出现，不具有“反省性”。但是，建筑的话，每一个建筑都有各自不同的固有的逻辑、固有的存在形态才对。

关于这个难题，多木、坂本和伊东三人经常讨论。多木和坂本都不喝酒，靠着喝咖啡不间断地进行讨论。有时还会通宵讨论，真是年轻。而且不论多小的话题都能成为议论点。多木说：“真的是建筑师。”他们只讨论关于建筑的话题。

建筑师山本理显、伊东、石山修武有一个奇妙的学习会，名为“阿黛尔会”。其主题是为 1920 年出入巴黎沙龙的某人的恋人，名为阿黛尔·卡萨维娜的虚拟人物设计住处。详细设想阿黛尔生活的各种细节，画出家具和书架的草稿，以此为话题设想是否可以以此来挣钱之类的。每周一次，地点在伊东的办公室。

山本说：“大家真的都很闲。”而且像讨论自己的恋人一样热烈地讨论关于阿黛尔的时间也只是一小会儿，还没怎么说就出去喝酒、唱 KTV 了。从 20 世纪 20 年代到 70 年代，从巴黎回到东京的现实中是非常简单的。这个学习会不知什么时候就不再继续了。

山本和伊东相差 5 岁。和伊东同龄的有安藤忠雄、早川邦彦、六角鬼丈、长谷川逸子，他们被称为“花之昭和 16 年组”或是“奇迹的一年”。再加上稍微小一点的石山修武，这群人的言论总是会对山本产生刺激。

在 20 世纪 70 年代末的那段时期，矶崎新的事务所聚集了一批建筑师。除了矶崎和伊东之外，还有筱原一男、原广司、安藤忠雄、长谷川逸子、石山修武、石井和　、渡边丰和山本理显等人。

矶崎新当时和“昭和 16 年组”是完全不同的类型，对他们这种委托人都是亲戚和熟人，对他们设计的住宅用了“近亲杂交的家”这样的说法。“即使做住宅设计，在世界建筑界中也不会留下任何痕迹。”这样的发言引起了大家的愤怒。矶崎在那时设计了洛杉矶的现代美术馆，已经活跃在国际舞台上。

把国家前途理所当然地当作自己责任的大建筑师、优秀的建筑师与无法变成那样的，或者说是变不成那样的建筑师存在着对峙的情况。 文彦对伊东那个年代的建筑师的评价是“和平时代的野武士们”，此言论发表在《新建筑》杂志上。虽说他们也血气方刚，但他们这些“野武士”没有“主人”，所以也不追求权力。

“他们虽然有时候也会说一些有深度的话，但是说的并不是本质。他们的委托人也不是时代的权力者……但是野武士们非常热心技艺（热心于设计）。他们总是在不断地琢磨自己的技艺。这是他们唯一的可取之处，同时也是他们赖以生存的粮食。”

建筑评论家八束初把伊东他们这个时代看在眼里。到 20 世纪 70 年代为止，建筑里还有上位意识存在。但是，热衷于建造未来城市的新陈代谢派的世博会让广告代理商主导的娱乐的东西消失了。在没有个性的另一面的状况下，伊东他们对形态表现出一种散漫的感觉，但不是本我主义。“没有个性的另一面的建筑没有紧张感，没有可以让人加以判断的地方。”这是八束的看法。

在矶崎事务所中也有因日本的时代而造成的两个建筑时代的对立。伊东他们这个时代，除了自己探索之外，没有别的足以让他们信服的规则。但是矶崎自己的话，会对自己提出建筑背负国家的命运这样的疑问，然后不断论述国家、城市、市民和建筑之间的关系。1983 年，他设计的茨城中心大厦竣工，虽然这是以国家不插手的形式来进行的，但是一边承包国家项目，一边又只是在造型上进行反叛性的制作，伊东和石山对此有争论。

另外，作为丹下健三的学生很早就开始工作的黑川纪章认为，建筑师背负国家，在国家的项目中这种情况本身就是不可能的。“建造国家的是官僚，而不是建筑师。”另外，还有“就算是丹下，不过是粉丝级别而已。”这样的言论。他也从大阪国立民族学博物馆开始靠行政预算来建造作品，“和普通的项目没有任何不同。”

“古代是神支配人类，所以会在中心建造象征的神殿。之后到封建时代，会像巴黎那样以卢浮宫为中心来建造城市。再之后，资本主义代替封建主义开始控制世界，但是国家项目不是这样的东西。”

对黑川而言，建筑师获得权力是需要读出时代的思想再基于此将自己的信息发送出去，然后掀起风潮。他评价说：“伊东虽然感性，但是没有形成风潮。”之后，比伊东更年轻的隈研吾，“虽然战略性加长了，但是没有心中的呐喊。”

“建筑只有 100 年的寿命，如果传达信息比较重要的话，那比起设计不如去写书。”黑川通过很多“用共生思想来创造社会”的著作来进行说明。一边说着伊东的事情，不知不觉就开始说起了自己的理论。

回到原来的话题。

伊东在 20 世纪 80 年代初在事务所内举行的“商品住宅化研究会”是和现实稍微有些关系的学习会。乍一看，在设计优良的预制板装配式房屋泛滥的情况下，建筑师不自觉地只追求自己狭窄的设计个性真的好吗？这是伊东初次对这个疑问进行讨论的研究会，尝试使消费性和设计精神碰撞在一起。

研究会持续了半年，在事务所内部大张旗鼓地进行讨论的时候，他获得了在当时很有人气的女性杂志《羊角面包》上发表研究成果的机会。题目是“根据不同居民表情会变化的半柱式的家”。这是之后名为“多米诺系列”的想法。多米诺是从法国近代建筑师勒·柯布西耶提出的构成建筑的非常重要的构成要素系统中提取出来的。

反响非常好。作家萩原朔美是第一位委托人，多米诺系列最初的作品是“梅丘之家”。之后也有很多业务。

那时的伊东在向杂志投稿方面也是倾注了不少精力。1975 年发表的《问菊竹清训氏，如何延续我们疯狂的道路》，分析自己师傅的作品，也有很多篇详细分析矶崎新、筱原一男、原广司、坂本一成等建筑的论文。把光、风还有铝这些与建筑印象相关的理论重叠在一起，变形体、虚构都市、半透明这些词也开始登场。到了 20 世纪 80 年代后半段，关于建筑师如何面对消费社会的文章也很多。对于那个时代建筑应该考虑的课题，他不断发表质量很高的文章。和现在乍一看很稳健的风格不同，可以看到那时候的伊东好像拿着锋利的刀一样。在当时的建筑杂志编辑中，还有说“以伊东为中心”这样的话的粉丝。

到了 20 世纪 70 年代末，伊东的事务所也发生了变化，开始接小规模的宾馆和大厦的工作。之前接手的几户住宅工作都是亲戚和熟人为了照顾他而委托的工作。伊东还记得那时“有一种从小的领域向外迈出了一步”的感觉。住宅设计的委托费最多 100 万日元，但是宾馆和大厦的话会有 1000 万日元。

那时，东京大学的同学，建筑师松永安光受伊东委托做美国建筑评论家肯尼斯・弗兰普顿的翻译。松永毕业之后在芦原设计事务所就职，之后又到哈佛大学留学，英语非常好。回国之后，松永和伊东两人会把酒直接寄放在新宿的酒馆，几乎每天都会见面聊建筑的话题。弗兰普顿是为了录制 1979 年在美国召开的“日本建筑的新潮流（New Wave of Japanese Architecture）”来名古屋的 PMT 大厦参观，伊东也同行。PMT 大厦是伊东着手做商业建筑的最初作品。他记得雷姆・库哈斯也一起来了。

伊东在海外也为人所知，这一点松永很吃惊。松永的分析是，伊东的建筑变成图之后非常上镜，所以外国人看起来也很容易理解。

同时期的其他建筑师应该也和伊东一样工作的规模开始扩大了吧。伊东说，到了 20 世纪 80 年代，大家的工作都增加了，突然之间大家的关系就变好了，也不再打架了。不认识的委托人会跟自己联络，设计招标会的数量也增加了，这是 20 世纪 80 年代后半段的事情了。

在那之前，伊东就已经和筱原以及多木等人保持了一定距离。在新陈代谢派、同时期的议论、极强的个性和思想等之间徘徊，同时伊东喜欢和讨论对象保持一定的距离，只探索自己的道路。

对于现在的伊东，多木说："如果他具备更深厚的人文素养会不会更好？"这是和矶崎那种运用哲学和思想还有历史等广泛范围的知识来说明建筑的方法相比之下得出的评价。"虽然没有用奇怪的哲学的必要，但是关于人类的想法以及人类，思考一下聚集了各种愚蠢的做法的种子到底是什么又如何呢？""批判不能只针对建造建筑。"

另一方面，伊东说："我对物体有执念。"伊东有一段时间借由写论文来梳理对建筑的想象，记得理论和实际作品之间有很好的关联性。但是在建筑中，现在这两者间的落差却越来越大，可以看得出理论逐渐失去了和现实对峙的力量。从伊东对构造和素材，以及工地的做工的严格要求来看，应该也是考虑到，如果没有把控事物和现实的能力的话那就无法表现出自己所想的建筑。伊东是否具备这样的眼光呢？伊东经常说："我没有矶崎先生那样的社交性。"他会通过这样的比较来对自己进行定位。

总之，虽然建筑师需要根据主题的大小、所处时代的课题以及氛围，决定自己的位置，但是伊东事务所成立 30 年后，对在 1990 年之后开始建立事务所的建筑师来说，国家这个词已经失去影响力了。"公共与人"的概念也变得模糊了。

组建了 Atelier Bow-Wow 建筑设计事务所的塚本由晴和贝岛桃代，他们是从设计一个个小的建筑开始，再发展到城市的。城市空间和个人空间都是从现实的角度来考虑的。运用都市计划等体系的时代采取的是演绎法，根据某个理论来规划内部细节，但是现在不再是这样，从小的内部细节的现实来归纳出整体，然后再转化到演绎法，这种“转绎法”是不是有效呢。

具有现实感的只有人的身体和体验。并且“根据人来进行建筑建造，这种事情全世界也只有日本在大张旗鼓地做。”他们两人认为：“伊东先生对人的变化非常敏感，所以可以抛开这个对立的概念，获取沉浸在社会中的个人特点。”可以确定，伊东在战后数十年的日本建筑谱系的靠近根部的地方有一席之地。

前往新加坡

2004 年 8 月 16 日，伊东坐在一个位于新加坡的海边，可以看到建筑用地的大楼会议室里。要建设的项目就是伊东设计的购物中心怡丰城。参加这个会议的大概有 20 人。伊东事务所两位负责的职员以及交涉负责人泉洋子、委托方的负责人、当地事务所的工作人员，以及法国的照明设计师、设备相关的人员。

第二天要向委托人丰树公司的董事长郑维荣进行说明。事务所的两位职员，为了这个说明会制作了新的大型模型，把模型分装在两个箱子中用飞机托运过来。来这里时他们把模型装在大型出租车内，穿过大厦狭窄的走廊。

有新加坡口音的英语被称之为“Singlish”，除了“Singlish”之外，还有英式英语、美式英语、日语、中文、法语等多种口音的英语。经济上相对宽裕的新加坡家庭的孩子去英国和美国的比较多，所以即使是新加坡人，也会有说英式英语、美式英语、澳大利亚英语的区别。出国比较晚或者是一直在新加坡接受教育的人口音是“Singlish”。会议上出现的英语反映了这个国家的多样化。

这个怡丰城购物中心交由伊东设计之后，就进入了设计和建设同时进行的快速模式。建筑在不断完成，设计也必须加紧进行，而伊东事务所的设计也进入了具体细节的阶段。会议的内容是关于照明的时间、海岸线花岗岩瓷砖的大小、沟的宽度，以及喷水的水深等。

因为设计方案已经基本决定好了，所以委托人需要根据方案进行招商。为了完成招商，需要拍摄购物中心的设计者，也就是伊东的照片，还要开各种讨论细节的会议。委托人一方的工作人员在伊东面前来来去去。本来是打

算让伊东站在购物中心的模型前面拍摄的，但是这个模型不是伊东事务所制作的，而是委托人找其他的模型公司制作的，伊东对此表示抗议。并不是那个模型做得不好，而是他不想和那个模型一起拍照。

建造模型的负责人对建筑一无所知，所以似乎也无法理解伊东说的重点在哪里。确实，两个模型的样子是一样的，层数也没有问题。为什么伊东不喜欢呢？制作公司做的模型虽然外表闪闪发光，但是和伊东事务所的模型相比，内部的细节大多都省略了。对伊东而言，没有细节是不行的，无论如何都要和自己的模型一起拍照。

无论在何种情况下，讨厌的东西无论如何都会讨厌。这就是伊东的性格。普通人对自己到底讨厌什么其实是不太清楚的。在有了不开心的回忆之后，才开始真正意识到自己讨厌什么。但是，伊东对此很快就能感知。

销售负责人虽然对此还是无法完全认同，但最后还是妥协了。即使是同一幅图纸，也可以制成完全不同的两个模型。对图纸的理解因人而异，这就是最好的例子。即使眼前是同样的建筑，但是每个人看到的也不同。

丰树集团的董事长郑维荣是华侨，除了丰树集团以外，他还经营着房地产、时尚类、酒店等多家公司。他出生在中国香港，父亲出生在中国广东某地，他在香港以服装制作出口公司起家，获得了成功。他高中毕业后就到美国留学，虽然学的是土木和建筑，但是毕业后他来到新加坡，和移民于此的家人会合之后开始参与家族事业。他购买土地建造了休闲公寓，家族的生意在此之后也扩展到房地产和生活产业，同时业务扩展到新加坡、马来西亚、中国等地。

可能是因为接受过建筑教育，所以他认为建筑是这个购物中心成功的重要因素。作为购物天堂的新加坡，有很多庞大到会让人迷路的购物中心，但是对于专注于购物的人们来说建筑到底是什么样子他们无所谓。但是，在这里希望可以让他们有从未有过的体验。

“世界正在全球化，现在不论到哪里都可以买到同样的商品。正因如此，才需要一个让人们走在其中有不同感觉的空间，令他们难忘的场所。”进入其中的租户会有超越租赁以上的深层次的合作，比如在这里举行新品发布会。在与时尚和装饰相关的商店中加入餐饮，餐厅也加入新加坡的元素。在香港回归之后有很多优秀的厨师来到了新加坡，这也使得新加坡的饮食文化得到了提升。最后的结论是希望这里可以成为使全家感到开心的场所。

郑维荣办公室里的秘书们认真专注地工作着，洋溢着优秀人才聚集的氛围。在重视教育的新加坡，去海外留学的女性也很多，有能力、高学历、高收入的单身女性人数在增加，这已经成为一个话题。

郑维荣说：“商业和文化如果没有刺激的话，就不会有创新。”他可能是打算把这个购物中心作为“刺激中心”来建造，所以才会选择伊东来做吧。他和他哥哥的家都是请的美国的建筑师保罗・鲁道夫设计的。保罗・鲁道夫是 20 世纪美国建筑师的代表。最初认识保罗是 20 世纪 70 年代后半叶到 20 世纪 80 年代，他还在新加坡做建筑师的时候，首先是委托保罗设计哥哥的家，后来又请保罗设计自己的家。在这个过程中对保罗・鲁道夫更加了解，据说应郑维荣的要求，保罗・鲁道夫先后提出了四次设计方案。

数年前，郑维荣去东京的伊东事务所参观时，评价道：“明明有这么多的工作，但是还能保证质量。”聊天之后，建造建筑的“真实感就出现了”“自己并不是有才能的建筑师……”郑维荣这样说道。“从其他建筑师的工作中可以学到很多。”

当天晚上，在市中心有伊东的演讲会，聚集了近 200 名的当地建筑师和城市规划师。这次，伊东想要讲的是仙台媒体中心之后的自身的变化和实验。演讲从仙台媒体中心开始，讲到了构造和装饰外壁一体化的东京表参道的商店 TOD'S 大厦、巴塞罗那的国际展示会场、蛇形画廊、巴塞罗那郊区的托雷维耶哈建设中的贝壳构造的度假设施、马德里的净水公园、松本市市民艺术馆，以及根特市文化广场。

在近代之前，人是作为自然的一部分而存在的，后来分离出来了。人类的生活细分为吃饭、睡觉、看电视、读书等。仙台媒体中心和根特市文化广场都是为了让人们超越界限自由生活，伊东最后总结道。在新加坡这种吐口香糖都要被罚款的国家，这个“自由”的氛围能传达多少呢？

对根特项目的说明是把最近演讲会上经常给大家看的图放在投影仪上。这就像中学英语课上老师经常给大家看的图一样，是人脸的剖面图，把嘴和舌头还有喉咙的关系显示清楚，咬着舌头发“th”的音的练习一样。

根特市文化广场就好像人的身体一样不分内外的话，人用嘴吃东西，然后吃掉的东西从喉咙到胃，最后排出体外。本来觉得是体内的东西，同时又成了体外的东西。根特市文化广场也是不分内外。这个建筑是连接城市的管道。

展示头部剖面图时，坐姿端正的新加坡建筑师们有些意外，但是讲到吃的东西从肠内到体外时，他们颇为惊讶。对于了解伊东建筑的人们来说，之后一个一个登场的扭曲的建筑，很难想象是同一个建筑师的作品，而且还是体内的管……他们都很惊讶，伊东完全变了，或者应该说是变成了“怪异”的建筑师。而伊东本人则认真地说明他的“管子”。

威尼斯和米兰

2004年秋，伊东开始了从威尼斯到巴黎的为期一周的出差。在去过威尼斯的国际美术展览会的会场之后，他又去了波代诺内，来到HORM工厂。这家工厂这几年在生产伊东设计的家具，之后去参加乌迪内大学的学生宿舍项目会议，然后出席预定在米兰举办的金圆规奖颁奖仪式，之后又去巴黎确认正在建设的医院的状况，以及去巴黎建筑与城市规划中心，确认预计2005年举行的城市计划展览会的展览设计。这就是他的行程。

伊东丰雄每年都要坐飞机飞行320 000千米以上。从美国西海岸到东京往返大约16000千米，所以大概就是往返20回。因为希望尽可能在一次出差中办完所有的事情，所以事务所在安排海外出差的时候，计划得非常周密。

伊东这样频繁出差，是1999年欧洲项目开始的时候。很多职员都说伊东自那之后变得开朗了。伊东自己也说："自己好像开朗了。"其中一个理由是，在欧洲建筑师这个工作是被人尊重的。

9月14日深夜，伊东到达威尼斯的马可波罗机场，乘坐威尼斯特有的交通工具水上巴士前往宾馆。在威尼斯乘坐汽车到市中心是被禁止的，只能步行或者乘坐水上巴士。

第二天早上，伊东和从东京事务所赶来的职员秋山隆浩和以前的职员筱崎健一会合，就去威尼斯建筑双年展的会场。秋山无论如何都想要看威尼斯建筑双年展，而且为了和伊东在意大利会合，请假自费来到这里。筱崎受伊东委托，成为乌迪内大学学生宿舍项目的设计师之一。

因为伊东事务所业务增加，事务所人手不足，所以也会请曾经的职员来帮忙。旧同事了解事务所的设计意图，对工作流程也很熟悉，所以能很好地参与到项目中。

一行人在威尼斯建筑双年展的会场走马观花，这里展示着过去两年间世界级建筑师们的作品的模型以及展示板，在这里可以了解到现在有什么样的项目在进行，这些建筑师现在共同关心的技术、形态和内容是什么。但为什么有一种错觉，好像到处都是伊东丰雄的建筑？

伊东丰雄自己似乎也在留意，如何同时呈现这些建筑的方法。

他对秋山说：“在设计竞赛的时候大概就是这种感觉。在众多作品中，不吸引眼球是不行的。我们的作品就是太中规中矩了。”

有些建筑事务所还会委托IT公司来制作展示板，达到不亚于好莱坞电影的视觉效果，在城市风景中镶入建筑。这种强大的视觉效果当然会吸引眼球。建筑当然非常重要，但在这方面，委托人应该会选择能传达现代风美感的事务所吧。对于常与世界优秀建筑师交手的伊东而言，会先参考自己熟悉的建筑师的动向和方法论。

伊东在2002年获得了金狮子奖。这个奖项是在建筑界的各种奖项中最重要的四个奖项之一。另外三个，是有“建筑界的诺贝尔奖”之称的普利兹克建筑奖，这个名字是以凯悦酒店的创建者命名，由凯悦集团出资设立的奖项；还有英国皇家建筑师协会（RIBA）金奖，美国建筑师协会（AIA）金奖。另外，伊东还提名了2006年的RIBA金奖。但目前他还没有获得普利兹克建筑奖。

走出会场的时候，被不认识的人叫住：“伊东先生！”好像是领着30人的建筑系学生团队来参观展览的意大利某大学教授。他们把伊东团团围住，在马路上就拍起了纪念照。

沿着威尼斯狭窄的小路，走向圣马可广场。之后又去了意大利著名建筑师卡洛·斯卡帕设计的Olivetti商店。虽然只剩下埋在墙壁中的Olivetti的石板，内部已经变成了无趣的高级特产店。在威尼斯市内还有斯卡帕的作品斯坦帕里亚基金会，伊东在来这里之前先去了那里。那里的混凝土已经裂开，相当老旧。

午饭之后，他就驱车赶往郊外的乌迪内大学。迎接他的是家具公司HROM的董事长卢西亚诺·马尔逊。车程为两小时左右，他们进入了乌迪内，汽车直接向晚饭的餐厅开去。聚在这里的有马尔逊的女儿，也就是展览会的负责人艾丽卡、马尔逊的太太、当地的建筑师等。

第二天早上9点，伊东丰雄就去了HROM的总部。1989年创建HROM的马尔逊曾经在米兰著名的家具制造商德·帕多华工作。德·帕多华是玛德莲娜·帕多华创建的公司，因为她从不妥协的挑剔眼光，米兰的家具设计水平有了显著提高。有了在帕多华的工作经验，马尔逊回到了故乡乌迪内创立了公司。不在米兰而是在这里创建公司，是因为这里已经有家具制造的技术和产业存在，而且马尔逊希望在悠闲的环境中工作。但是，只要伊东来欧洲，都会坐着飞机来看伊东的马尔逊却过着比米兰人更忙的生活。

HROM公司位于一条不繁华的道路旁边。他们进入办公室后，就开始了商议。沉迷于伊东作品的马尔逊，在2004年制作了伊东设计的长椅“涟漪”。大小水波的样子，与不同色调的渐变色重叠在六层木板上，像倒圆锥形一样。在春季米兰家具展上发售，限定发售的99把在半年内就售罄了。之后又制作了将六层木板浓淡渐变层颠倒过来的新版本，还有在门上镶嵌半透明树脂球形的橱柜系列“水珠”。伊东这次来工厂，书架系列“仙台”的样品已经完成了。

给马尔逊看了乌迪内大学宿舍的模型之后，会议从2005年的米兰家具摊位设计谈起，话题又转到了HROM公司15周年纪念，将邀请15位设计师设计床头柜。

在伊东看来，马尔逊可以读取到设计的意趣，并且有能力用超高技术加以展现。在设计“涟漪”的过程中，伊东想在座板和椅脚的部分斜着插上不

锈钢棍子，马尔逊则建议用Ⅰ型钢，然后将合板弯曲覆盖。Ⅰ型钢隐藏起来，只看到波纹木板浮起来的样子。为了突显重点，如何让其他部分消失呢？这需要考虑很多技术。

伊东说："如果是日本的制造商，应该会陷入在如何把不锈钢和木板完美表现出来，这种细致部分的思考怪圈。"对伊东提出的提案，会提供预想之外的技术方式，或是提出更好的方案，可能是因为意大利家具制造历史悠久吧。

会议中谈论的是关于构造的处理，马尔逊说为了防止盗用，会用难度高的技术来做处理。即使看起来像是在模仿，但是没有高超的制造技术就没有办法完全仿冒，真品就能延续下去。从马尔逊的口中听得出，在设计的世界中这是关系到生死存亡的问题。伊东告诉秋山，先用相机记录模型的细节。

在会议之后，他们就去了旁边的工厂。虽说是工厂，但是因为都是手工制作，所以安静的听不到任何机械的嘈杂声。去看"仙台"的样品，这个是以弯曲的柱子支撑的多数薄板的作品，模仿了仙台媒体中心的设计。

仙台媒体中心是由铁柱和钢筋的地板组成的，这里是用木头和玻璃替换结构。他将仙台媒体中心的所有要素都浓缩在眼前这个书架内。弯曲的10根柱子，使用了HROM得意的木工技术，把胡桃和赤杨组合在一起。一共有60处弯曲的地方，和仙台媒体中心一样，根据支撑的位置，每根柱子倾斜的角度和半径也不同。

伊东料到用两种不同的木材组合，会出现两种颜色的交错。但是没有想到交织出来的花纹这样生动。据马尔逊所说，这个制品是工厂最老的工匠制作的，试做柱子的作品也是一晚上做完的。然而这也并不是单纯地把仙台媒体中心缩小而已，而是经过对那个建筑物的分析和转换。

从HROM出来之后，伊东丰雄来到附近的乌迪内大学，之后驱车赶往米兰。马尔逊的女儿艾丽卡在车内和伊东确认展览会的事宜。这个展览会是明年在智利的圣地亚哥召开的伊东家具展览会，名为“Toyo Ito Made In Italy”，以展示伊东在意大利制作的家具和餐具为主。艾丽卡是主办人。

伊东这次来米兰，是为了参加意大利金圆规奖的颁奖。该奖项是由意大利工业设计协会主办的。从 1954 年开始每年都有颁奖仪式。伊东和 HROM 之前合作的长凳“涟漪”获得了该奖项。

在入住宾馆之后，他稍作休息就去了颁奖仪式的会场。这期间一直是马尔逊开车。对马尔逊而言，伊东不只是商业合作伙伴，更是可以信任的人。马尔逊在伊东到巴黎的时候就去巴黎，去圣地亚哥的时候就飞去圣地亚哥。马尔逊尽可能让自己有更多的时间和伊东接触，见面之后会对项目进行汇报和商谈。

在颁奖仪式之前，他先接受了意大利杂志的采访。会场已经聚集了很多与设计相关的人。有人问道：“我们觉得您自己的设计反映了日本式的想法。”这个问题之后，话题就转移到了语言上。

“虽然我自己并没有刻意强调自己是日本的建筑师，但是当我在说日语的时候，这其中独特的构造和空间可能反映在了设计中。我英语和意大利语说得并不流畅，但是说日语的时候和跟自己设计的时候很像，很流畅。”

“设计和书写一样，会把意味不明的、连续的东西，限定在某个地方。”

在伊东脑中的形状总是保持着一种流动的状态。每当设计固定的时候，就会想“哎呀，又做了。”他要把流动的东西固定在某一瞬间。不得不让它静止，是很遗憾的事情。

“所谓设计，就是让摇摆不定的想法固定下来，最后呈现作品。但当作品完成的时候，语言又从那里拓展开来。”

巴黎 1：工地视察

在金圆规奖颁奖典礼的第二天，伊东乘坐飞机前往巴黎。

前一夜的颁奖仪式上，意大利著名设计师理查德·萨帕和安娜·卡斯特利·费里尔也曾露面。马尔逊和艾丽卡在晚宴结束后和伊东道别，约定下次再见。

在戴高乐机场，长驻巴黎的伊东事务所的高塚章夫在前来接他。上车之后就直接去了巴黎的施工工地，那是位于 15 区的名为哥纳克 - 珍的医院。在 1999 年召开的竞标会上，伊东事务所击败了让·努维尔等法国的建筑师，获得了一等奖，获得该项目，计划 2006 年春竣工。这所医院是私立医院，其中包含了癌症患者临终关怀护理用的区域、艾滋病房、患有自闭症的儿童病房等，共有 150 个病房。在一行人到达的时候，施工工地已经建好了地下一层，还有地面的五层，混凝土墙壁已经立起来了。此行的主要目的是来确认，分开的两栋建筑的道路一侧以及中央广场一侧的玻璃的外观情况。首先去了工地的一座临时建筑二楼的事务所，戴上了安全帽。这次的项目还有前职员柳泽润、就职于名为“橘子组”的建筑公司的法国人曼努埃尔· 塔尔迪茨、塔尔迪茨的大学同学，经营着建筑事务所埃克斯图拉·米洛斯的两位建筑师。这次工地访问要和埃克斯图拉·米洛斯建筑事务所的两位建筑师会合。在出发的时候又加入了这所医院的管理人和院长。

一行人立刻去了工地。在工地有数十名工人在建筑物内外的各个场所进行施工。伊东似乎对工地的凌乱有些在意。对于外行人来说，不论是什么样的施工工地看起来都不会漂亮，但是从建筑师的眼中，可以判断出搬入的建材和道具，还有脚手架等是不是整齐地摆放在应该在的位置，又或是毫无章法。并且可以看出工地管理的质量，还能推断出工地施工人员的士气。凌乱的工地是不行的。

登上建筑物的二楼，可以看到窗户上只镶嵌着玻璃幕墙的模型样本。等比例模型因为不是流水线生产的标准品而是建筑师自己设计出的特殊品，所以会像这样先装在建筑上，然后对制造的可能性、施工时如何裁切，还有耐久性进行测试。

玻璃墙的设计下了很大功夫。工地正好在一个街区的中间部分，从一条街道延续到另一条街道的一侧。医院分为两部分，分别位于街道的一侧，两个建筑像凹凸两个字一样朝向内侧，一个凹进去，一个凸出来。中间的空隙部分就是中间广场。中间广场与其说是开阔的充满绿意的庭院，不如说是被分成很多小部分的、复杂的样貌。另外，在道路一侧有很长一排玻璃幕墙延续着。

道路旁的玻璃幕墙用的是具有挡光效果的隔热玻璃。隔热玻璃很像切短的吸管并列排在一起，是有孔的素材，从正面看的话即使能看穿对面，但视线还是会被遮蔽。一行人从医院经过的时候，就会营造出一种内部的情况如同走马灯一般接连消失的感觉，给人一种既不是完全封闭又不是完全敞开的感觉。

中央庭院的正面也是玻璃的，是伊东事务所开发的特别的玻璃壁板。这种是在混凝土上贴上压花加工的铝制板，并且在上面再盖上一层表面有印花花纹的玻璃。这次在工地视察的时候，墙上也贴了等比例模型。即使只看到一块玻璃，也可以感受得到这种设计所表现出的不可思议的效果。因为铝板和玻璃中间有空间，所以当阳光照射的时候花纹的影子就会落在凹凸不平的铝板表面上。根据光线方向和强度的不同，所浮现的影子可以自由变化。

透过玻璃印出的花纹到底怎样比较好，这是令伊东事务所绞尽脑汁的地方。据介绍，是常驻巴黎的高塚把树木的照片换成黑白的，经过多重筛选之

后变成这个花纹。虽然最终是各种大大小小的散点重叠在一起的，但是这些点在网格上是有中心的。庭院中的绿色映在玻璃上，也会构造出更加复杂的花纹。最近，伊东对颜色和花纹更感兴趣。

关于庭院，伊东从最初就把其看作是不能忽略的一个要素。在来参加比赛时，他参观了一座有 100 年历史的古老医院，看到在院子里静静坐着的一对老夫妇。那是一个没有过多修饰的院子。在参观都是只有最后几个月时间的患者的临终疗养医院时，伊东说："心情是很沉重的。"那对老夫妇的样子深深烙印在伊东的脑海中。虽然全部只有最后的几个月，但也不是所有人都是躺在病床上度过的。高塚说："伊东最初的手稿中只画了院子。"

一行人之后来到了病房的位置，大家讨论室内材料和颜色。虽然房间还是混凝土的状态，但是在确定窗户的位置之后，从窗户射入的光线的状态来观察颜色。他重新拿出准备好的几个颜色的组合。

"绿色是不吉利的"委托人说道，接着继续说："深色的木制颜色会让人联想到棺材。""不能让刚入院的人就觉得自己会死。"应该没有什么像颜色这样，包含着国家的历史、文化和习惯。如果不是长时间处在这种环境中，是很难分辨出什么样的颜色会唤起什么，什么样的颜色组合适合什么样的状况。从刚才起，委托人还有院长虽然选择的是贴玻璃的现代建筑物，但是对患者身边接触到的室内装饰还是有所坚持的。地板的颜色、墙壁的颜色、家具的颜色、门的颜色，还有窗帘的颜色等，一边组合各种颜色，一边进行讨论。

这个医院的拥有者朱厄尔·露娜，在 2000 年委托努维尔建造一个养老院。因为那座养老院好像还和努维尔打了官司，但是抛开之前的事情，这次哥纳克·珍医院的竞标会还是邀请了努维尔。在伊东被选上的时候，露娜亲自从法国打来了电话。即使是中标，但是委托人自己打电话来这样的情况也是很少见的，伊东表示直接听到她说"祝贺你"的时候是非常感激的。努维尔也发来了贺电。

露娜本来是巴黎塞纳河岸有名的莎玛丽丹百货商场的老板，后来将商场卖给了路易威登。祖父是“秋季沙龙”的创始人之一。他是艺术造诣非常高的法国商人，现在经营哥纳克 - 珍这样的私营医院和公寓。

哥纳克 - 珍医院的竞标会，只邀请了伊东一家海外事务所，委托人因为看到了八代养老院的照片，觉得非常喜欢。这座养老院建在海边，虽然是简易建筑，但是屋外有一条延伸出去的走廊，坐在走廊的尽头就可以一个人静静地欣赏风景，是让人印象深刻的建筑。

院长对医院的平面设计提出了详细要求，商谈时非常需要耐心。因此整合全部设计需要一年以上。但是，医生和护士的要求都集中到院长那里最终总结在一起，这样方便建筑师团队工作。委托人露娜花费很长的时间和居民商讨以及进行申请，就是为了可以为建筑师团队提供便利。当然也有严苛的时候，当拿着好几个方案过去的时候，就会被说“希望你能把你认为最好的想法拿过来”。这都要求建筑师有坚强的意志。

本来，这家医院最初计划在 2003 年年中竣工的。但是实际上，到 2003 年 12 月终于到奠基仪式为止，比预期推迟了很多。因为居民的反对，还有市长的更换，有一段时间项目中止了。其中“居民的反对”非常强烈，但是通过这件事，也给了伊东他们一个机会，可以了解欧洲人对建筑师的职能持什么态度。

在委托人和伊东事务所进行了一系列会议达成一致意见，基本设计完成之后，图纸提交到巴黎市政府进行确认手续。在市政府认可之前，会对居民公开图纸和模型。这是为了让居民提出意见，然后最终确定方案。

但是，图纸刚一公开，就冒出了各种意见。有从历史和城市景观的视点提出关于毁掉 100 年以上的古建筑，扩大规模，还有建筑正面是玻璃的意见，也有遮挡了阳光和视野这样不满的个人意见，更有对面不能有高建筑这样自以为是的意见，等等。

其中，新闻工作者和学者也在新闻报道中分为赞成和反对两大阵营。其中最让伊东等建筑师们惊讶的是，帮助伊东事务所的法国建筑师塔尔迪茨和埃克斯图拉・米洛斯两人过去的国家美术学院建筑史的老师是反对运动的先锋。

说到国家美术学院，广为人知的是它是一所实施传统美术教育的大学，这个老师正好住在这附近，并且认为建筑正面用玻璃是没有办法忍受的。

当反对论沸腾到顶点的时候，委托人在 2000 年秋的时候对居民召开了说明会。将规划地中的 50 名居民集中在一起，伊东也参加并且进行了演讲。在演讲结束之后，居民们一个接一个地提出了狂风暴雨般的问题。之前提到的老师直接对伊东开始了讲课："所谓建筑就是……"。

被这种不友善的言辞激怒的是做翻译的塔尔迪茨。塔尔迪茨的表情阴晴不定。塔尔迪茨学生时代是可以和专业选手一较高下的拳击手，因为那个时候受到的打击非常大，所以鼻子有些变形。那张具有压迫感的脸染上了怒色。"曼努埃尔生气了啊"感受到他的变化的伊东小声地自言自语道。

塔尔迪茨在获得委托人的许可之后，亲自开始反击。这个法国人的激烈争论持续了两个小时。在讨论结束之后，委托人在大厅举办了宴会。在喝红酒、吃鹅肝的时候，令人惊讶的是居民们的心情居然变好了。可能是说出了自己的想法觉得痛快了，也可能是激烈的争论之后体力消耗过多，还是说听了建筑师的话觉得有道理。又或者是，讨论本身对于他们有某种意义？

虽然对居民这种态度上的大转变觉得很吃惊，但是通过这件事，伊东说他感到"包括这些反对意见在内，建筑师获得了某种信赖的种子。"对建筑师有着最低限度的信赖，然后提出"你做的这些很没道理"这样的质问。反过来说这也传递出了"但是，他们怀疑的不是建筑师"这个信息。伊东感受到了一般市民和建筑师之间的深深的信赖关系。

在参观过哥纳克 - 珍医院的工地之后，伊东去了巴黎建筑与城市规划中心。傍晚 6 点，巴黎的夜幕开始降临。伊东从三天前到威尼斯以来，一直是会议、采访、颁奖仪式然后又是会议和餐会，之后再参加会议，之后是晚餐会……这样的循环。但是，他看起来一点都不疲惫。还是像往常一样轻松的样子，一直都是按照自己的步调行动。

建筑与城市规划中心虽然没有自己的藏品，但是会策划与建筑和城市计划相关的展览会，会召开面向建筑师的演讲会，经营图书馆，是在建筑界众所周知的一座市立建筑博物馆。建筑是钢筋结构，天花板是拱顶，具有很大的空间。给人的感觉和欧洲的火车站很像。

伊东现在来这里开会，是为了设计 2005 年 2 月召开的展览会的会场。这个展览会会展示巴黎未来 20 年的概念图，展示物由文字、图画、表格等构成。例如可以看到按照现在的街区分割后再将各个院子连在一起，还有把巴黎闲置的屋顶改造成住宅等。

参加会议的有数名工作人员、美术设计负责人。美术指导是建筑师出身的女性。伊东事务所已经做好了基本计划，根据这个计划开始进行说明。空间铺满白布，各处会有用铝制框分割出的小空间。在白布和铝框的构造中，有一些地方是从背后照明浮现出光影，还有一些地方是用投影仪投影出展示品。小空间会遮挡光线，只有投影和视频浮现出来。整个地板铺的是铝制地板纸。

一边回答着关于预算、时间安排和制造相关的问题，整体结构图也在伊东的脑中慢慢清晰起来。这个空间简单来说，就是根据白布和光还有铝制品产生的反射构成，布是为了让来访者身处在一种不定型的分割的空间中。地板上是布的倒影，其中的家具也好像浮在空中一样，是非常具有伊东特点的空间。

“如果铝制的可以的话，日本有一个可以做赞助商的公司，可以立刻联系他们。因为是个小公司，执行力会很好。”

“最容易做地板的应该是铝箔比较好。厚度在 0.2 厘米左右最理想。”

“关于制造家具，在意大利有好几个可以委托的，拜托他们做原型，然后摆出来就行了。”

越是著名的建筑师，为了让所有的东西都按照自己的想法实现，就越会注意费用、细节以及是否会给对方造成困扰。谈话越深入就越能感受到实现的可能性。又或许是为了让自己说的东西实现，连同需要做的东西都一起设想好才称得上是有经验的人。叉腰站着只提要求是不行的。

作为建筑师最能展现其自我的部分就是家具。伊东最近一直都有设计有趣的家具的机会。之前提到的市民艺术馆里像被切开一半的水果一样的家具，还有意大利家具商制造的“涟漪”长椅，还有西班牙的水泥制造商艾斯考菲制造的圆环形波浪的街道家具。

伊东打算在这次展览会的会场把刚才说的那些家具都摆上，在各个空间中可以“根据家具的纹理和颜色表现出那个房间的特征。”这次展览会的主题——巴黎的未来和伊东的家具没有任何直接的关系。因为家具的设计本身具有特色，又由伊东的布和铝的布局而更加凸显出来。本来只有市民艺术馆才有的椅子也由此被更多的人看到。最后，为了这个展览会还特别定制了家具。蓝色的圆椅子像小动物一样聚在一起。

实际上，伊东和家具的渊源可以追溯到很久之前。伊东最初设计的家具是 1985 年的名为“东京游牧少女的包”的帐篷。虽然是处于建筑和家具之间的一个位置，但是这个作品可以算是沉浸在 20 世纪 80 年代的泡沫经济中的东京，伊东在观察社会之后提出的自己的看法。在那个时代，少女们都只是靠着直觉像游牧民一样游荡在市中心，只为了寻找快乐而活。他的看法是，只有这种不论去哪里都可以简单移动的帐篷，才是最适合她们的住处。

在这个帐篷中，可以化妆、学习、吃饭的家具都绑在一根管子上面。因为是帐篷，只要简单地搭建就可以把它移动到房间的任何地方。值得一提的是，为这个作品担任照片模特的，正是这个项目的负责人妹岛和世。妹岛现在被称为“世界上最有名的女性建筑师”，而且由于繁重的工作和经常抽烟的缘故，她完全瘦下来了。但是在当时，在伊东事务所的照片中，妹岛用还有些微胖的手端着茶杯喝着茶。

在帐篷之后，他还继续设计着这个概念的家具。1986 年的“东京游牧少女的家具”在帐篷之上又进行了改进，采用多孔金属网的材料来制造座位和背部的部分，重量轻，又可以很好地进行支撑。两种餐桌椅分别取名为“呼呼”和“吹气”这样具有透气感的名字。还有由意大利制造商制造的花园椅，为六本木餐厅设计的餐桌椅。这些与伊东当时的建筑作品银色小屋、风之塔都是按照游牧的概念而设计出的。轻便、无存在感，就像衣服一样。

在那之前，伊东和设计师大桥晃朗经常一起讨论关于家具的问题。大桥通过住宅设计以及制作夏克风格的家具，领悟出了家具中的“台”这个概念，并且把这种想法和评论家多木浩二、伊东，还有同时代的建筑师坂本一成、长谷川逸子等人分享。“作为建筑师的我所考虑的东西，和做家具的大桥先生所考虑的东西是相似的。”伊东这样评价当时他们的讨论。

这些只是在“表层”，不涉及更深层次的东西，建筑和家具之间能有怎样的火花，这是一种挑战。银色小屋的家具、八代市立博物馆的家具都是根据大桥设计的家具而来的。1991 年竣工的八代市立博物馆是伊东接手的第一个公共建筑，以此为契机，之后的设计活动也扩大了，但是这里用的家具也因为大桥的突然离世而成了他的遗作。

最近，在仙台媒体中心设置了多名家具设计师和建筑师设计的椅子和长凳。纽约的设计师凯瑞姆·瑞席在一楼入口处的接待处设置了大红色的塑料椅子，妹岛和世在二楼布置了像花一样形状的黑色沙发，英国的洛斯·拉古路夫在七楼的视觉厅观看影像的时候设计了特别像森林中的树木一样的座椅。

“就像建筑中要有人才会更有趣一样，建筑里有家具才会更好。”伊东这样说道。在仙台媒体中心这样的地板平坦而且用管柱构成的空间中，家具给予我们某种信号。在什么都没有的空间中，给人们某种信号和意义的是家具。

家具给人某种信号。人们可以坐着悠闲看书的地方要设置柔软舒适的沙发。想要和女朋友两个人一起看视频的话，就需要一个稍微紧凑的空间。在新书发售的地方设置一些可以让人休息一下的长凳。

关于选择设计家具的设计师，伊东是这样评价的：“只要有某种程度的审美，谁都可以。”为什么这样说呢？家具不是在那个楼层必不可少的艺术品，只是在某种程度上有存在感就可以了。但是，“因为他们各自都是很有个性的，所以会把我说的一些东西用他们自己的方式表现出来。”伊东这样说。

在展览会上把伊东自己设计的家具一下全部都摆出来，是为了展现出和西方悠长的家具发展史中不同性质的东西。总之，伊东想要将家具的形式尽量抹掉。“当你坐下去的时候，那里的形式就被百分百规定下来了。”对于伊东来说，家具和建筑会一样在制度中失去自由。

虽然我们这些外行人完全无意识，但是如果座位有靠背和扶手的话，那么除了按照被限制的姿势坐着以外，人们无法和家具有任何联系。但是，如果是长椅，自由度就会更大。坐着也可以，躺着也可以。对于不想让建筑也被限制的伊东而言，建筑中的家具也必须要从这种限制中解放出来。

会议结束后的第二天，伊东第一次在来巴黎之后可以悠闲地度过上午的几个小时。但是，下午就要赶往机场赶回东京。在圣日耳曼德佩区喝完咖啡之后，他去了著名的利普啤酒馆。

伊东和蓬皮杜中心建筑部门的收藏家尚塔尔・贝蕾约在这里吃饭。她身着米白色蕾丝连衣裙，黑色罩衫，耳朵上戴着祖母绿和钻石的古典大耳环，颈脖上戴着镶着翡翠色大玻璃的复古项链，相当引人瞩目。

这个餐厅好像是有意而礼貌地把观光客都集中到了二楼的方桌席，而伊东和贝蕾则在一楼，那里和日本的居酒屋一样摆着狭窄的桌子。周围穿着得体的男人们一边优雅地使用刀叉，一边用法文低语着。

伊东他们先讨论了一下最近的作品以及建筑界的情况，然后话题又回到了根特市文化广场上。

“如果蓬皮杜中心想要根特的模型，可以给我们吗？”贝蕾这样问。

建筑模型，即使是塑料或者是纸盒子做的，有些作品还是会有收藏价值的。表现出某个建筑师为了作品在前期展现出想法的模型，或者是虽然没有实体化但是可以成为名作的建筑作品的模型，可能会在建筑史上留名的模型，都会成为世界各美术馆争相收藏的对象。

贝蕾认为伊东的根特市文化广场非常稀有，而且是今后一定不会实现的杰作，所以才会这样问。而如果可以被蓬皮杜收藏的话，对伊东来说也不会有任何不满。

“可以的。”伊东说：“但是，那个模型还在根特市。虽然跟他们说了没有选上的话就用不着这个了，把模型还给我们吧，但是对方还没有回应。”

从刚才开始两个人就在用英语进行交谈，伊东的英语也并不是非常流畅。在国外参加演讲或者会议的时候，他会带翻译。但是，他的英语还是可以表达清楚自己所想说的内容。

对于“把我们当傻瓜”的主办者，无法理解他们为什么保留模型，这一点用都没有。对于对此完全没有任何评价的主办者，伊东的愤怒还没有完全消除。

“那个模型在根特也没有用处。”如果可以被蓬皮杜中心收藏，对于这个模型来说也是有很大的意义。即使再过几百年，也可以被明白建筑真谛的人看到。听到“没用”之后，贝蕾有了想法。

“那么，蓬皮杜给根特市写信。我来说，请他们把你的模型送过来。”

感受到了这个想法的绝妙之处，贝蕾和伊东还有一起同行的高塚都大笑起来。周六午后，红酒醉意更浓了，也看到了模型的归宿。但是对于含有“你们不明白，蓬皮杜是非常希望可以收藏这个极其珍贵的作品的”的信息，对方会接受吗？会不会，反而觉得有些不舍得，不肯给呢？

从餐厅出来之后，外面好像是有什么游行，圣日耳曼德佩区附近的道路实施了交通管制，路上一辆车也看不到。本来打算打车去巴黎戴高乐机场，但是没办法去了。高塚带头走入周末拥挤的人群中，向最近的地铁站走去。买了去机场的地铁票，提着小行李箱的伊东下楼走向了站台，消失在了视野中。这是短暂的，但又非常充实的四天的欧洲之行。

东京 7：窗帘

10 月 22 日，法国影视制作人理查德·科潘来到青山的伊东事务所。虽然他说："我在建筑这方面只是业余的。"但是他从弗兰克·盖里、让·努维尔等人着手，正在制作关于 30 名建筑师的系列 DVD。以一个建筑为焦点，然后请建筑师来讲述。在来这里之前，他已经在仙台逗留了 8 天，用摄像机和照相机把仙台媒体中心的样子收录了下来。那里的建筑、建筑的功能，还有出现在那里的人。

从法国来的只有科潘一个人。两名音响师、助手翻译都是他在日本雇用的。而他本人是一人兼顾了导演、采访者和摄影师三个职务。

设置好相机，他一边从取景框确认构图，一边对伊东进行提问。在听取了仙台媒体中心建成的说明之后，他们开始了耐人寻味的对话。

"在我阅读的英文资料中，里面有写到伊东先生在这个建筑中不想建造五样东西。不要接缝，不要房梁，不要墙壁，不要房间，不要建筑。这种事情做得到吗？"

"比起建筑我个人一直更想建造出的是公园，想要创造出一种在自然中漫步的感觉。不论怎样，建造出的建筑都是一个封闭的环境。这样就会出现一种奇怪的秩序。媒体中心希望能尽量减少这种空间，人们可以按照自己的喜好来自由选择场所。"

"但是，公共设施的话应该会要求具体的功能。像公园那样自由的空间能满足这些功能吗？"

"当然是有必要满足普通文化设施所需要的功能，有书架的图书馆、影视厅、美术作品展示廊等。但是除此之外，还有余白空间。要最大程度地利用这些余白，给予它们之前的设施所没有的功能。这样的话，那里就变成具有创造性的空间。”

“竣工之后，伊东先生有工作完成了的感觉吗？”

“公共建筑的话，一开始制定了计划之后，一般情况下是不会再有改变的。而这也是公共设施无聊的地方。现在已经过了 5 年，技术也在不断变化，当初想到的用途可能现在已经没用了。为了让建筑更加具有生命力，应该在施工中也继续讨论设计改善计划，运用这种具有柔韧性的手法。”

伊东的想法是，在建筑中建造了墙壁，墙壁就会增加，人就会遵从动物的本能在其旁边徘徊，寻找能歇脚的地方。建筑的存在是为了在自然中维持最低的秩序，让人类有可以居住的空间，之后慢慢地成了人类和社会权威的一种表现。他一直在表述的意思是自己想要把这些排除掉。伊东的建筑在建筑史的技术面上极具实验性，但是在其背后还包含了伊东对制度和社会还有自然的看法。仙台媒体中心“正因为它是最初对于这种概念的挑战，所以才更要贯彻到底。”伊东说过的这句话给人的印象非常深刻。

“非常遗憾，约好的两小时的访问时间已经到了。”科潘说着收拾了摄影器材完成访问。科潘说：“我觉得伊东对社会具有某种责任感。”

科潘在仙台媒体中心花费了好几个小时来拍摄分割利用空间和事务空间的窗帘。

在仙台媒体中心，运营者和利用者这两者不是明确分开的，而是要建立一种信赖关系。职员不是单纯地坐在桌子前，而是给予来来往往的人帮助。为了达到这种目的，伊东事务所一直在实验各种可以暧昧地分割空间的方法。

比如透明玻璃和钢丝等，最终选择的是这种可以分割空间而且还能看到对面的半透明的布。两侧的人好像在同一空间。科潘对此很感兴趣。

制作这种布的是位于东京六本木的名为“布”的公司。经营“布”的须藤玲子自从 20 世纪 80 年代中期为伊东的银色小屋制作布制品以来，参与了伊东的很多建筑作品的内部装饰。从开始经营“布”以来，须藤的理念就是不只要制作窗帘和床罩，还要制作传统建筑中不用布制作的物品。

当听说了伊东之后，她想：“这个人说不定对此有兴趣。”经过熟人介绍之后他们就认识了。为了那时候正在建的银色小屋，伊东就到店里来了，他想采用一种不用窗帘的遮光方法。不在窗户上拉上布就做不到吗？伊东想要在宽敞的空间中用布搭建一个供女儿用的空间。

须藤说：“那个时候我也比较有时间。”有时间可以想很多方式，比如把天花板罩住，或者是从天花板上垂下来。拿着方案跑去伊东那里，去了三次左右。最终决定作为小屋的框架来制作，用棉布制作类似于帐篷的一种家具。来到银色小屋参观的建筑相关的人员，都会来到属于小学生的女儿的空间，然后掀起帘子来毫无顾忌地往里面观望。在空旷的空间中，只有这里是用布分割出的一处空间。女儿应该会觉得很烦吧。

因为银色小屋中有火炉，所以最后制作出的布是防燃的。为了符合伊东的“希望是柔软的材质”的要求，用的是制作消防服的防燃材料。须藤在参观银色小屋的时候，发出了“哇，原来还有这样的家啊”的感叹。连天花板都没有，就好像是预制装配式的房屋一样。

须藤第一次感到建筑不是那么简单，是 1986 年帮 NoMad 餐厅制作扶手和天花板用的布制品开始的。她第一次了解到，要把布运用在餐厅这种公共场所中不是件简单的事情。除了要遵守消防法，其他的类似于布是用在墙上，还是用在地板或者天花板上，还有不在墙上的，能不能取下来之类的，负责部门都不同。

在墙壁上使用的话需要使用已经获得认可的产品，因此可以利用的布已经被限定了。稍微有一些超出原有设计的话，也会被法律、制作工厂以及对施工者的各种细节上的要求所阻绊，深陷一种无法放开手脚去做的状态。

松本市民艺术馆也是如此。“布”公司参与了大厅的座椅以及壁纸的制作，但是椅子的装饰等一直都是具有资格的大制造厂商负责。关于这些，伊东事务所一直在旁支援，终于制作出红酒色的渐进色作品。

在那里使用的布并不是单纯的渐变色。布上面的水珠的花纹像是漂浮其上一般，会有这种效果是因为在布的表面营造了流动的效果。从远处看，因为有水珠，所以会产生立体感和阴影。

“好像有醉酒的感觉。”这是最初伊东的想法。并且加了一个很难的要求，用渐变色，希望是一种“不是优等生”的感觉。负责人是“布”公司的安东阳子，花了半年的时间想花纹如何编织，不断尝试颜色，把红色从浓到淡的五十种样本拿来给伊东看。虽然最初想要 5 种颜色的渐变色，但是变成了用十种颜色。

本来说的是椅子的套子“希望可以控制在三种颜色内”，但是伊东看到过了五十种颜色之后，改变了主意。

须藤说：“比如在一块布上，应该是有两种颜色。横轴的线和纵轴的线。”布是一种可以握在手上的柔软的三次元物体。根据所用的素材、编织方法、所表现出的花样的不同，都会使其表现出的东西有所变化。须藤对此非常清楚，但是和伊东一起工作总会变成制作出新布的一个契机。

银色小屋的帐篷要求是一种“不经过褶皱加工的具有褶皱感的布”，于是试着把棉布装在纸管中烘烤。餐厅希望可以沉浸在金属质感的轻快的空间中，所以使用了透明的线和外面裹着铝的线，制作出了既有金属质感同时又具有透明性和弹力的布。横滨的东永谷地区的保健中心“虽然想要发挥布的暧昧性，但是布没有支架的话就不能自己立起来。能不能制造出一种自己立起来的材料呢？”于是制造出了混入金属线的布。用在建筑空间中的布可能本来就不应该有里外之分。须藤深刻地感受到，自己和布之间的战斗，真的是被限定在一个狭小的范围内。

须藤说：“伊东先生，现在真的是在考虑非常难的问题。”让须藤和安东有“我们是不是已经不行了。”这样的想法，是从蛇形画廊建成的时候。须藤说：“就是心一紧。”布鲁日的亭子让这种感觉更加强烈。不像传统的建筑把墙壁、天花板这些构造分开来考虑，墙壁自己就具有构造的功能。用计算机计算出各种素材和负重，然后用这些结果连成多角形，自动生成各种特殊的墙壁类型，然后就这样拿来建造建筑。

作为布这方面的专家的须藤，一直想把布这个概念无限扩大，结果反而被这个概念遮蔽了双眼。而人类无法想象的构造，被计算机制作了出来。而最终，须藤在对样式、颜色、纹理具有特别感觉的伊东面前，感到“我们真的什么都没考虑到啊”。

八代市

虽然在国内也总是坐飞机飞来飞去，但是只要伊东在东京的事务所，关于新加坡购物中心、瑞士钟表制造商的总部大厦招标的会议就没有断过。

意大利的品牌、饰品店要进入工程的最终阶段，在实习生的桌上散落着各种给人偶穿的衣服，以及小鞋子等模型。伊东舒服地坐在桌前，根据会议内容，参会人员会变更，但是人员变更的时候就好像是草原上的动物们聚散一样自然。何时开什么会，如何通知大家，在这里，完全听不到有人大声地发号施令。

在关于购物中心的会议中，又是以花园为主题。“明明应该是更加欢乐的，现在这个有点无聊。”

这个会领着孩子一起来的购物中心一个吸引人眼球的地方就是，有很多的水，有瀑布，有喷泉，并且还提出了在绿色中放入机器动物的想法。数月之前如此决定，但是现在又回到了没有生气的状态。

伊东所说的“欢乐”不是那种贴上动画图案营造出的欢乐，是在那个空间中颜色、光等各种要素组合在一起，这些要素会将欢乐从人的内心引发出来。喷水的水流，还有喷水的时机，这些都包含在其中。

人类对于可以让自己感到平静和舒适的环境无法用语言解释。不陈腐，不高尚，也不是炫耀，只是单纯地感受快乐。

如果职员处于疲惫状态，自身的欢乐源已经枯竭，在这种状态下是提不出好提案的。如果在这种状态下勉强提案，那可能最后只是单纯地图画而已。不论外界是什么样的，总是能不受干扰地按照自己的节奏做事的伊东，应该是自己的内心有不被其他东西干扰的防卫系统。

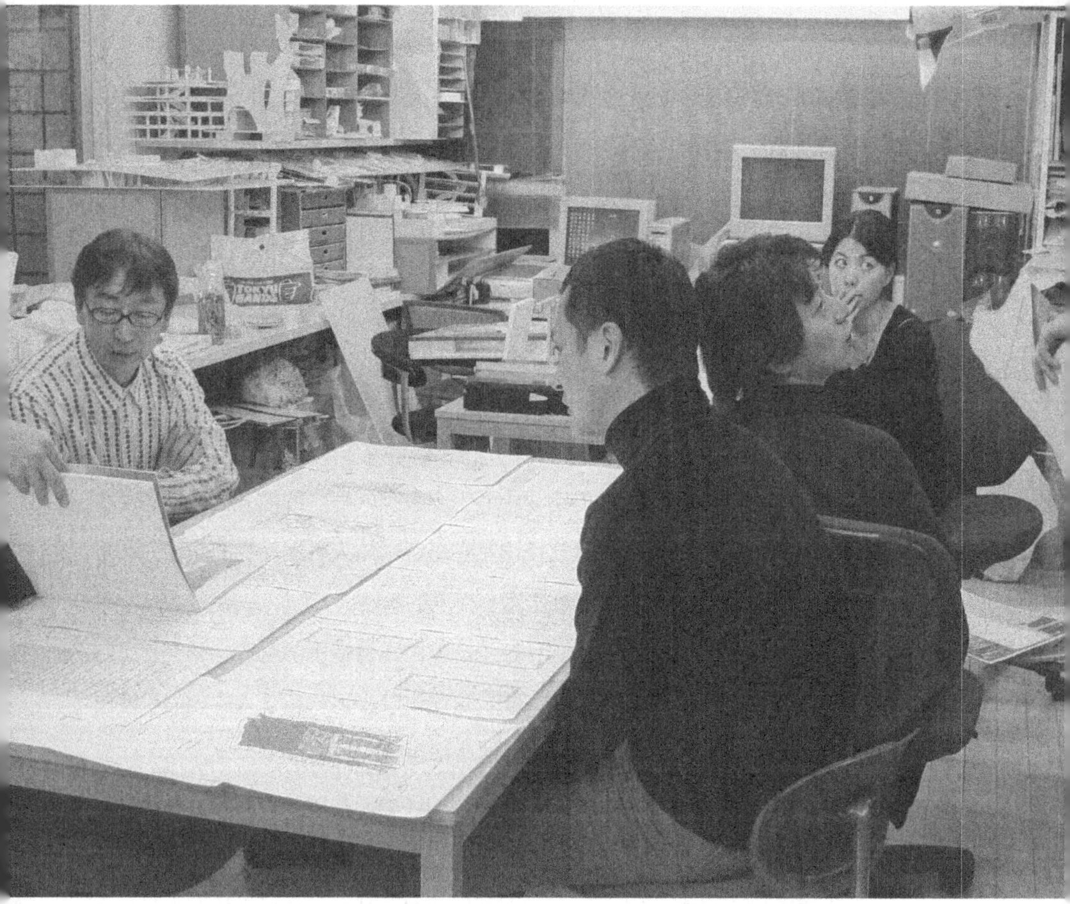

算起来熊本的八代市伊东一共来过 50 几次。1991 年竣工的八代市立博物馆是伊东第一次接触公共建筑。在此之前一直都是设计住宅和小规模写字楼的伊东事务所以八代市立博物馆的工作为契机，开始接触大规模的项目。

如果开始做公共建筑，多数情况下可以认为这名建筑师已经可以独当一面了。但是其实也并非如此，在建筑界一直把公共建筑作为一个很重要的课题。有这么几个课题。其一，名称中具有“公共”的话就要尊重其公平性，但是这一点在建筑的本质上未必是好事。恐怕现在很多城市，大多都是以招标的形式来决定设计者。以便宜的设计费来招募设计者，看似公平，但是如果是“只要便宜就好”，那么是没办法建造出具有潜力的建筑的。或者是，即使这个工作出现赤字，也可以有别的工作来弥补的大型设计事务所，建造出的是批量生产的建筑。

伊东设计的八代市立博物馆是熊本艺术城市计划中的一环。这是对以往设计招标制的一种质疑，使用推荐制度来选出设计者以提高公共设施的质量。熊本县从桥梁到美术馆，还有公共厕所，都以艺术城市为概念建造了大大小小 70 多处的公共设施。

另外，还有因为行政分工的问题限制了公共设施质量的问题。建设仙台媒体中心的时候伊东也直面过很多次来自行政部分的疑问，“不能把这部分给包含进来吗？”不论提出多么崭新的空间，最后都会回到既有的区域划分和先例中。

其他还有，不知道到底谁是委托人，这也是让建筑师难办的一点。比如省长和市长因为选举产生更替，或者是负责人两年一换等情况，完全不知道到底谁是委托人。说到底，如果负责人毫无热情只是为了完成工作，那么肯定会避开麻烦的事情，选择按照以前的惯例来实行。

开始关注“伊东老师”的是距离博物馆很近的名为“通街”的商业街的委托人们。当时的八代市市长在得知伊东在通街所做的工作之后非常中意他，之后还把养老院和消防局的建设委托给他。八代由于伊东所设计的新型建筑而焕然一新，到现在为止对伊东来说八代也还有很多令他印象深刻的人。

通街距离八代市最繁华的本街商业街只有一个转角的距离，全长100米。这里曾经是制造街，后来变成了商业街，有一段时间这里是有60家商铺的拱顶商业街，但是伊东在设计博物馆来八代市访问的时候，这里已经开始衰落了。

商业街的店主们组织了通街共荣会，虽然大家都很着急认为“必须做点什么”，但是却无从下手。虽然连通街的模型都制作了，但是再进一步该如何做却一点头绪都没有。行人越来越少。他们还自嘲地说，这已经不能叫“通街”而应该叫“过而不进街”了。“那个时候通街已经是一条很脏的拱顶步行街了。”时任共荣会会长，在通街经营渔具店的森本常雄这样说道。

找来熊本大学建筑老师的是肉店老板。“好像是和设计博物馆的伊东老师认识。”这个熊本大学的老师被肉店老板还有森本，以及另一名共荣会的成员围了起来。他们问道：“如果拜托伊东老师设计要花多少钱？”他们想把街道里面的观音堂重建，看能不能有些新的突破。

当听说建筑师的设计费是总工程费的一成时，森本他们说，“这实在付不起。”就要放弃了。已经把重建的1.3亿日元交给了工程队。只是这些就已经捉襟见肘了。

又过了一段时间，森本和熊大的老师，还有伊东三人来到日奈久温泉一起泡温泉。森本和伊东是第一次见面。森本在那个时候，就单刀直入地说“没有那么多钱”。他跟伊东讲了通街的情况。“从最初就是坦诚相见。那个时候老师就有那个意思了。”森本这样叙述他们那时候幸运的相遇。

看似不可能的事情，突然有了曙光。森本说，最初的会面是拿着通街模型去的，想着是不是能让伊东有所行动。“所有伊东老师的建议都会立刻施行。老师也一定会觉得，这些人是在拼命做事啊。”看了通街之后，伊东好像说：

“已经破落成这样的话，毁了重建反而会更好办。”

伊东的提案是，把观音堂毁掉然后建个画廊。有书道和绘画教室的画廊，名字就叫“画廊 8”，来自八代的“八”。干栏式建筑，活动在二楼。因为留下了古杏树，所以为了避开它建造的是圆形竞技场的形状。观音也供奉在其中。厕所的便池是意大利造的。森本觉得，“伊东老师在这方面非常考究。”

在建造画廊的同时，想着能不能改善下商业街的惨状，于是来找伊东商量。伊东提出了把拱顶去掉增加亮度，人行道也重新装修，在其中埋入光纤维来照明，另外设计比较轻便的街灯。不论伊东说什么，作为实战部队的共荣会会长森本和两个副会长都会立刻行动。对于他们迅速行动，伊东也是非常惊讶。

还需要去说服 64 家共荣会成员。即使要取掉拱顶，也要知道这是几十年前在这个商业街的前辈们思考过后，辛辛苦苦装上的。要取掉也需要征得大家的同意。森本认为比起男人，要首先攻略妇女会。森本对妇女会的成员们这样说道：“在你们家前面，会种上树。”

夫人们都笑着同意了。总之为了让通街复活，森本拼命的劲头很让人震惊。在商业街装修的时候，森本他们给 70 位名人写了信。他们想要在商业街装饰上他们的手印和签名。但是即使写了信，也完全没有回声。再次托人去拜托他们。虽然也有艺人说“得给钱。”但是像八代亚纪、北岛三郎、小锦、西田敏行、石田惠理他们都爽快地答应了。

当然，也有人反对通街复兴的。“乡下的市会议员经常会有这样的。”森本现在回想起来也都是痛苦的回忆。但是，森本对他们说的话充耳不闻。

通街完全焕然一新，还会有其他街道来借鉴。伊东设计的画廊也经常刊登在杂志上。通街变漂亮之后，附近的道路也重新修整了。就连地价都跟着涨了。下坡这一侧的商业街彻底被唤醒了。

那之后又过了 20 年。通街里的空铺增加，街道又再次陷入了沉寂。最近，有计划要在附近建造两座大型超市，超市预计的销售额是八代市所有商业街销售额的一半。不仅是通街，还有很多老的商业街以及一些个体户都难免会受到冲击。

森本把通街改造的过程整理成了两个相册打算留给孙子。希望他长大后能知道爷爷曾经做过什么。还有道路装修时的照片。还有新闻报道的剪切。“我们为了复兴通街而充分发挥了自己的力量。”森本这样说。“我们没有委托给行政部门，而是我们自己做的。”这一点到现在为止他都非常自豪。

2004 年 10 月 24 日，刚过早上 9 点，伊东书写的“八代街道设计招标会八代商业街再开发计划”的招牌登上八代市音乐厅的楼梯。

对于衰退的八代商业街，究竟要如何再利用呢？由于大型超市的建设，室内三处左右的商业街都陷入了苦战。空商铺非常扎眼。要让人们已经非常熟悉的商业街重新焕发活力，到底要怎么办呢？有没有其他利用空店铺的方法呢？为了征集这方面想法的招标会，在八代市中心，作为文化祭的一个环节而举办。评选会就在这天召开。

伊东在前一天傍晚到达熊本机场，准备去八代市内的宾馆。本来是打算坐公交车去市内的，但是到的时候刚好公交车开走了，于是叫了出租车。出租车内的收音机正在播放新潟地震的消息。

他和先从东京来的曾我部昌史在宾馆会合。曾我部是伊东事务所的前职员，负责八代市立博物馆以及之后在八代的项目，在八代的施工工地待了很多年。在八代的工作告一段落之后和法国人曼努埃尔·塔尔迪茨一起经营建筑设计事务所。

这次曾我部也作为此次招标会的评委，来到了八代。差不多 20 年前经常会出现这样的场景，伊东和曾我部并肩走在八代的街上。傍晚，商业街的店也都已经关门了。从商业街出来之后在小料理店等待他们两人的是六七名八代市政府的职员。有行政管理部门、财政部门，还有建设部门。虽然也有调动的人，但是都是与伊东的市立博物馆建设相关的人。通街的森本也在。在小店最里面，中央放置着一个大概 4 张榻榻米大小的桌子，大家围桌而坐，为了再会而举杯。

见到伊东最抑制不住自己激动心情的是现在已经荣升为建筑部门副部长的井本慧英。在建设八代市立博物馆的时候，井本作为负责人冲在建设的最前线。伊东时而也会说："如果没有井本先生的话，那个建筑可能就建不成了。"在仕途上井本不是那种平步青云的类型，但是为了博物馆的建设忙里忙外一直到最后。

井本说："看起来似乎是伊东老师在迎合我们，但其实最后我们都按照老师所说的在做事，从中学到了很多东西。"接着手放在心脏上拼命告白道："老师真的是太厉害了，这种只是语言上的恭维。老师和我们是心灵相通的关系。"在熊本心灵相通也可以说成"气色很好"。伊东老师确实是属于气色很好的那种人。感激之情溢于言表，井本看起来似乎也已经醉了。

辣子莲藕、樱肉还有熊本的特色小吃都已经上桌了，大家喝空了一瓶又一瓶的烧酒。聊了很多当时的事情。伊东提到的是，先把高尔夫用具邮到森本家然后再坐飞机过来，还有伊东在八代唱歌之类的。伊东是出了名的喜欢唱 KTV，在八代的时候，有一次和大家一起唱歌唱到凌晨 4 点。伊东一定会唱就是八代亚纪的歌。而巧的是，伊东年轻的时候一直在事务所放的歌就是八代亚纪的歌，而他的出生地就是八代市。

从盘子都撤下去之后开始，大家都在说着"芙兰看看"这个词。好像是那个时候经常去的 KTV 的名字。在打过电话之后，大家开始向那里出发。只需步行 5 分钟的距离。当时只是普通的小店，现在已经提高了档次变成了高级俱乐部。位于新大厦的 5 层，店面很大。

加上再会的喜悦，桌子上也摆满了小吃和酒水，大家立刻就开始唱歌了。过了一段时间之后，刚才小料理店的女老板也来了，应该是初次见面吧，但

是大家好像老熟人似的寒暄起来。男人们一点儿不打算让麦克风休息，将沙发围成圆形大家依次到中间的位置唱歌。在优雅的歌声中，男人们的深情演唱，传达出的是哀婉的思绪。

反对服从多数

从第二天开始，伊东好像是从早上才开始睡的。即使昨天晚上不去唱KTV，还有松本市民艺术馆、静冈的金属小屋、TOD'S大楼这些项目都相继竣工，参观会、访问、演讲会都等着伊东。不仅如此，因为一直在海外出差，还有些时差。他好像是非常讨厌像上班族一样把集合时间定在早上。

在举办街道设计招标会的宾馆会场，已经聚集了很多学生和年轻的建筑师，他们正在提交作品。会场上还放着贴着作品的展板。这次招标会的评选日定在了周日，提交作品的评选会的会场定在了宾馆里，这样做是主办方希望学生和建筑师都可以尽可能地参加。穿过年轻建筑师的人群，来到了二楼会议室。在这间没有什么装饰的安静的房间里，伊东显得更困了，就连曾我部准备的提神醒脑的饮料似乎也没有什么效果。

最近，伊东事务所打算要引进视频会议的设备。多数的项目在新加坡和西班牙同时进行，为了可以让团队进行更加详细的讨论，不得不引进。但是，伊东似乎对视频会议的交流有些不满，抱怨说，太欠缺"谈话"的那种临场感。只有和英国的OAP很有名的工程设计事务所的工程师塞西尔·巴尔蒙德的会议进行得很顺利。巴尔蒙德非常了解视频会议的诀窍。他是天才型构造工程师，和伊东一起建造了几个实验类的建筑。在"谈话"结束之后，伊东就跑进了会议室趴在桌子上睡觉。简直和彻夜准备考试的考生一样。

这次八代街道设计的招标会，是速战速决的。参赛者当天拿着作品来到评选会场，然后评委员立刻从中评选中10幅作品。通过第一次评审的10幅作品，会拿到舞台上接受第二次评审。评委和10幅作品的建筑师都在舞台上，观众们一起看着，然后再进行开放性的评审。在舞台上的时间是2.5小时。

这中间会有建筑师的说明，还有评委对其提问，之后评委开会，最后是举行表彰会。

最近的设计招标会，经常采用开放的形式，为了可以在公众面前公平、公正地进行。这样做可以防止在密室中，评委因为某些利益关系而推荐参赛者，又或者是被其他评委施加压力。而且从观众的角度，单纯地看评委会进行怎样的评价，以此进行价值观和判断标准的比较也是一件很有趣的事情，对优胜者的评价标准也很透明。本次的八代街道设计的招标会，讨论本身也具有教育意义，希望能提高大家的热情。不管怎么说，在众目睽睽之下，评委也没办法抱着应付一下的心理。

10 点半开始第一次评审，伊东、曾我部，还有女性建筑师千久美子、本地建筑师协会的代表、商业街的年轻代表等评委来到摆放着展板的走廊上，然后分开评审作品。参赛作品大概有 80 幅之多。

伊东说："不论是有 100 幅还是 500 幅，不行的作品一眼就能看出来。"作为经常担任招标会评委的伊东，也会有在一天之内从 1000 幅作品中选出 20 幅的情况。一眼就能看出不行的作品是"绘画不行，想法也不行。"但是最近，想法不行但是绘画很漂亮的作品越来越多，伊东认为这种倾向似乎是"让人有些生气"的。

明明连想法都没有，只是表面看着很好看。这种情况，应该是人的性格问题吧。相比如此，虽然绘画略显拙劣，但是想法很好的作品会更好……伊东这样说，果然是建筑师的想法。对绘画的要求下限比较低。

评委穿梭在展板之间，审视着作品。有中意的作品就用笔记录下来。这是为了第一次评审的投票做准备。提交过作品的学生们，站在远处偷偷张望。

为了可以使商业街焕发活力，出现了很多提案。有的说把商业街的巨大的顶棚变成绿色顶棚。空店铺可以变成私塾、作坊和剧场。把店铺的正面全部变成玻璃，改变目前整个街道的印象。在房顶上加盖一个巨大的运动场在上面打篮球。还有在屋顶上铺榻榻米，住在里面，等等。

参赛者们要把这样的想法在一块展板上简单易懂地表现出来，必须要把根据和现实意义都表现出来。这次的招标会，想要的并不是“把老旧的屋顶用新的东西替代”这样的像是改装商店似的想法。而是期待可以出现，从建筑师的角度来思考的不越过空想和现实这条界线的，具有品味的想法。

伊东一边看着绿房子的设计方案一边这样说道。比如，想要还以城市绿色的话，可以有很多种方法。这提案中，“即使是在城市生活中的人，在商业街的顶棚之下也是可以经营某种程度的农业的。”这种想法是很有趣的。也就是说，“自然都是好的，应该把所有的都用绿色覆盖。”这种呼声虽然很高，但是这个提案却可以直击都市人的心灵。可惜的是，还希望可以在这个提案之上再提出应该如何设计城市内的灌溉系统，但是这里面却没有提及。

在第一次评审选出10个作品之后，为了进行第二次评审5位评委登上了展览台，来回踱步交换着意见。作者来到台上做简短的介绍，然后回答提出的问题，评委评出自己心中的前3位，然后投票。本来应该是得票多的作品获得一等奖，但是这次不是这样。在获得投票的作品中筛选。

伊东上台讲话：“招标会不能单纯按照得票多少来决定。一票没得的就立刻排除，这次并不是这样的。在决定了可以继续讨论的作品之后，会把之前的得票全部归零，然后再讨论一次。评委再各自提出反面意见，作者再进行解释。”

即使只有一票，也可能是看到了这个作品独一无二的一面。这一票并不是“只有一个人认可了”的意思，而是具有可以继续讨论下去的意义。所以说，难道不应该好好讨论一下这一点吗？另外，平时伊东也经常会说，在进行招标会的审查时，会场中会有某种气场，非常强有力的某一个观点可能会影响全员的判断。伊东提案的话，首先提出的就是这种一下子就决定真的好吗？

找出票多的作品的盲点，找出票少的作品中隐藏的优点，然后让其他评委看到。将只有作者才能看得到的作品的文脉描绘出来。刚才还要选出来的作品，在之后就落选了。

其他评委也受到刺激，在舞台上激烈地争论。还有的评委将刚才投的票撤下来贴在别的作品上。这种情况反复发生。本来觉得很好的提案突然就觉得无聊了，本来不显眼的提案却显现出来。在看板上贴出的作品，随着讨论的进行作品的闪光点也忽闪忽现，然后又退去。在舞台上，可以看到平时绝对看不到的，具有攻击性的伊东对周围发起各种挑衅。

随着讨论的进行，伊东终于提到了最重要的一点。

“重要的是，其中是否具有建筑设计的理论。即使是看起来非常有感觉的想法，但是只要其中没有理论的话那就没有办法进行评价。没有办法和其他作品进行比较。”

虽然是用和往常一样的语气说出的这些话，但是这些话是完全不加修饰的，将这次招标会的核心展示给大家。

现在是一个用电脑就可以很简单地描绘出三次元的建筑和空间，像建筑一样的东西谁都可以做出来。另外建筑师，还是可以做像是商品艺术还有室内装修等都可以做得到的东西。还有很多点子也不断出现。伊东想说的是，虽然这种“像什么一样”还有“怎样都可以”的东西在现代社会中经常会出现，但是希望不要在招标会上出现。至少伊东自己是不认可的。正是因为是无法实现的建筑的招标会，所以才更应该描绘出只有从建筑上才能完成的建筑。需要提出建筑的建筑方式、理论，以及和社会的关系。不这样的话，这个招标就是没有意义的。

评委们之后也继续来回交换着意见。在将近两小时的讨论之后，结果是，最初得票多的落选，之前谁也没有看上的黑马获得了二等奖，评审就这样告一段落。

前往京都：教授学生

2004年11月2日下午2点，伊东前往京都大学吉田校区工学部的建筑系研究室和10几名学生见面。从这个秋天开始，伊东开始了为期四个月的设计演习讲师的工作，基本上每周会来京都一次。

所谓设计演习，就是在某块场地上练习设计一个架空的建筑，从一个概念慢慢发展出一个设计。最终就好像实际建造一个建筑物，平面图、立体图、剖面图，还要制作模型。大学里的建筑系为了培养学生成为专业建筑师会进行这样的演练。

这个建筑系的教室，即使在吉田校区也是非常古老的。生物工程或是理科的建筑物都是崭新而宏伟的，而这边却是在古树和杂草中的老旧混凝土墙壁。内部很昏暗，只有天花板上的荧光灯非常刺眼。在学生坐的椅子后面写着“建 20-1318”这样的非常具有国立大学风格的记号，同时又可以让人感到悠久的历史。

伊东这天穿着他非常喜欢的衬衣，外面是黑色西装。在衬衣上印着一个长着奇怪脸的大头老头开着一辆敞篷车。他是Garcons这个牌子的忠实粉丝，原伊东事务所的成员妹岛和世在平时礼尚往来以及伊东生日的时候都会送他衬衣，这件衬衣在这座建筑中，不管怎么看都显得有些格格不人。穿着这身行头去政府之类的地方的话，可能会被人认为很轻浮。

学生们连注意伊东的这件扎眼衬衣的空闲都没有，都紧张地静默着。设计演习的题目是：便利店。在御池通路和河源丁路的交叉点，还有现在京都宾馆的某个地方进行建设。京都宾馆20世纪90年代引起了很大的景观争论，使其恶名远扬。透过较低的房屋群可以看到对面东山的延绵山脉，这种具有

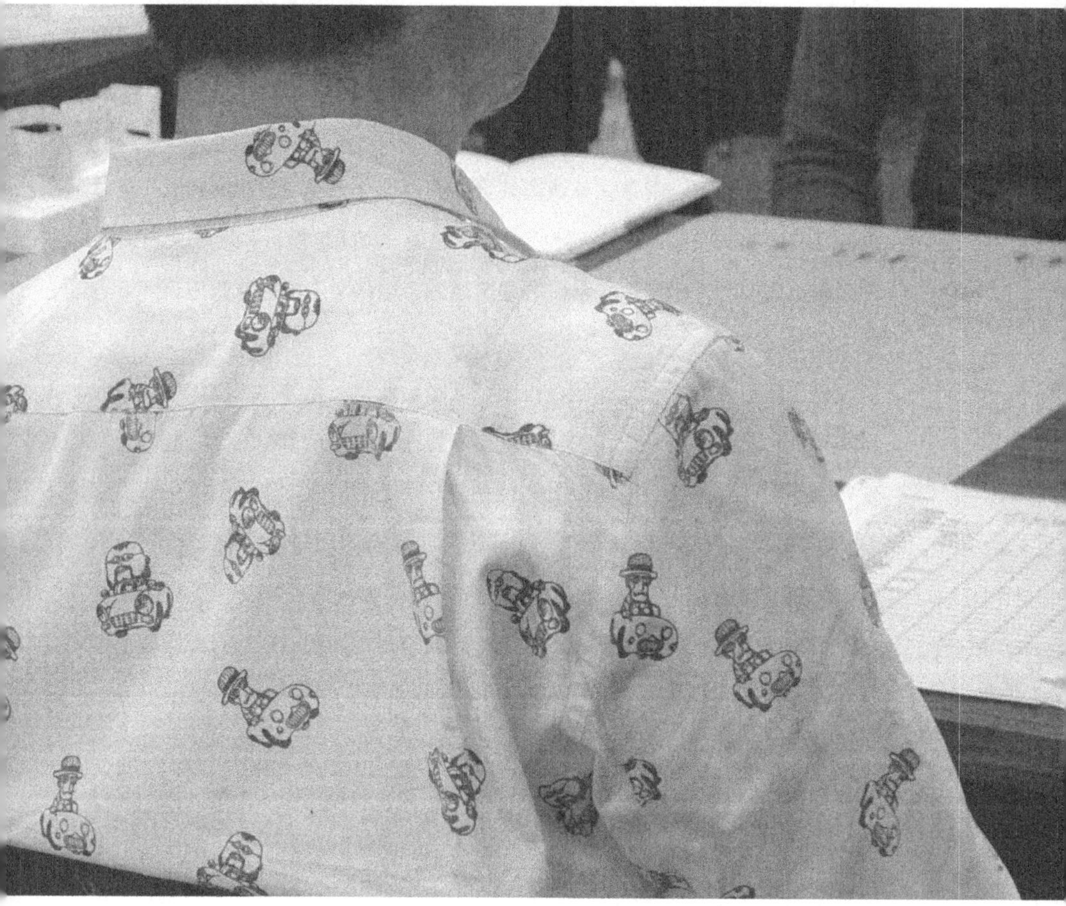

京都特色的景色却被巨大墙壁似的建筑物给破坏了，反对这个建筑的当地的寺庙，有段一段时间立出了“谢绝入住京都宾馆的旅客参拜”的牌子。

如果想要在这里建造一个代替京都宾馆的建筑，可以让京都市民进行文化交流的话，什么样的建筑才好呢？要想象一下可以在这个地方建造的别的脚本。命名为便利店是基于这样的思考，因为便利店在年轻人生活中起到了使生活便利的这个不可欠缺的作用，这种文化是否也可以运用在空间上呢？便利店已经成为年轻人在现代都市生活中的冰箱，又或者说是杂志架。将这种方面和文化相关联又会怎样呢？

伊东在仙台媒体中心的设计中，让图书馆和展览馆，还有视觉大厅等地方，变得并不像一般建筑中的那种哪个楼层都一样的设计，而是把楼层中的墙壁都取掉。来到这里的人并不是被动地接受已经被设定好的可怕而僵硬的东西，而是带着“说不定有什么有趣的东西”这种轻松的心情，可以按照自己喜欢的方式在里面度过。

给出这样的一个题目，也是出于“为了建造出这样自由的文化设施，学生们会不会设计出什么新建筑呢？”这样的一种出于伊东自身的好奇心。

“为了可以创造出一个自由性高的、使人愉快的公共空间，这里使用文化的便利店这样的一个概念，请思考如何在城市的中心建造一种新型的文化设施。与以往的公共设施相比扩大了便利的功能，扩大了居住的功能，扩大了办公室的功能，扩大了学校的功能，扩大了公园的功能。”

上上周是第一次上课，本来应该是讨论一下设计计划的，但是由于第23号台风的原因新干线停运，伊东没办法来到京都，所以从上周就开始了一对一指导。这次是个人指导的第二次。学生们基于上周伊东给出的意见，再次总结自己的方案。10名学生围坐在一起，每个人轮流坐到伊东面前的位置。

男学生A。拿着在空地上设计的建筑物的制图和简单模型过来。听过说明之后的伊东是这样评价的。

“着急想要赶快做出建筑，就会弄出这种无聊的东西来。刚才你说的这个部分（手指着图纸上的某个地方），如果仔细想一下，就会建出不像建筑的建筑。其实，如果过了 20 年，这里建成了一个公园，然后在这里聚集的人们发生一些事情，把这种情节发展成建筑，会更有趣。你这个是把应该是 20 年间发生的事情，强行缩短到 1 个月之内。将你想要做的事情浓缩在一起连成一个有情节的故事，让中间的很多过程重叠，那就会很有趣了啊！”

聚集在这里的学生要么是话很少很老实，要么就是处于极度紧张的状态中，即使敲打他们也不会有任何反应。伊东说给学生 A 的话，好像是石沉海底一样。最后的那个“啊”也有想要刺激一下学生的意思。

男学生 B。戴着最近校园中很流行的那种框架眼镜，四四方方的白色框架眼镜。他带来的好像是某种研究用的矩阵。

“你画的是矩阵，我懂你是想要建造之前没有的那种空间，但是在你内心中这个矩阵应该是有某种意义的吧？在画抽象化的示意图之前，首先你要有‘我想要建造这样的东西’的具体画面，否则就太苍白了。本来就应该是把具体东西抽象化才行。建筑到最后，还是要重归具体的实物。你自己从最初就没有在这个矩阵中到底是什么和什么混合在一起的很强的图像意识。”

女学生 C。好像理解成了就是让他们设计“便利店”的意思，她拿来的是可以在店铺中阅览各种信息的店铺的设计图。

“只是为了获取信息而来到这样的地方，有些太浪费了。虽然一般情况下都是被动接受信息，但是在这里的话也可以自己创造某种信息。比如说书，那么在这里制作书也可以。如果不是这样，那么在京都的这种黄金地段建造公共设施也就没有意义了。”

学生们都感觉到，自己提出的提案和伊东所期待的相差甚远，焦急地抓耳挠腮。这之后就必须要开始画平面图制作模型了，但是现在这种程度能不能赶得上提到课题都是个问题。

“时间是经常不够用的。我们也会经常觉得，还有一天了。”

在指导学生的同时，他还会拿出伊东事务所正在进行的项目作为实例，把自己的想法进行说明。那个时候正在设计的东京多摩美术大学的图书馆，建筑只占用建筑面积的10%。一楼什么都没有，设计就那样摆着，好像是想让人可以躺着看书一样。和目前为止只是看书的图书馆不同，想要设计成一个可以让老师上课，可以一边阅览古书一边写作，能动性很强的场所。

为了让图书馆脱离原来的固定化的形式，就必须要考虑可以在那个地方做的事以及呈现的形式。因为会被自己脑中的固定印象限制，所以为了可以解除这种限制，就要思考那个地方可能存在的方式，以及人们以何种形式活动。这样的话就可以解放思想。

之后，受到其他学生的启发，又开始讨论管的问题。那个学生的画稿中出现了管的概念。他解释道：“我喜欢管。管很长。在里面或是更里面，可以发现一些不可思议的东西。我的建筑，其实一直都有管的这种要素在里面。我中野本丁的家里也是管。那里和光的关系很有趣。仙台媒体中心是以纵向管的概念建造的。根特的招标是以像在街上开音乐会一样的形式建造起来的。”

伊东一边这样解释，一边在纸上画起了示意图。以根特的建筑地为交叉点，街道像是管道一样交错。用粗的记号笔毫不犹豫地画出曲线。接着说道：“管就好像人的身体一样。人吃的东西从嘴进入，然后通过喉咙进入肚子，再之后……”

一边这样说着，一边用记号笔画出螺旋形向下的变形肠，弯弯曲曲……最近伊东热衷于“本来以为是内侧的东西，其实是外侧的”就好像之前的那个招标会。在学生面前非常引以为豪。

“你所说的管只是大家所知道的表面上的管。就刚才看到的那样的。让

我说那种根本算不上是管。”

面对学生的伊东，比起面对事务所的年轻职员，多少还是有些奉献精神的。职员是完全的专业人士。不管怎么说，伊东都是给他们发工资的。但是学生，作为建筑师还只是脑袋未开化一样的婴儿，还是不知道该怎么做的状态。

“建筑，就是在和人交流中改变自己。所以出这种课题，希望你们可以不管是和朋友还是和各种人相遇，去各种不同的地方体验半天。”

“希望你们可以更宏观、更仔细地思考。”

“即便想法很好，但是要把所想的转换成实际的建筑要素还是很难。我们 100 个小时中，有 80 到 90 个小时都用在了这些上面。”

他不断说着可以启发学生们的话。他最后问大家：“你们应该已经很清楚这之后需要做什么了吧？”

而学生们还是依然沉默着。

事务所职员

“如果伊东先生先拿草图出来那就糟糕了。”

事务所的职员经常这样说。虽然也有等级严格的事务所，但伊东事务所算是等级关系不严格的，他经常会把一个项目交给一个职员负责。一般来说，老板会先画出草图，职员在远处看着，然后职员再自己画出具体的图纸，而在这里不是这样。

这里不会提供本来应该是从老板那里获得的草图，这期间有比较好的想法，伊东会赞赏地通过，这是伊东认为职员应具备最理想的状态，也是在伊东事务所工作必备的本事。本来就应该让职员发挥自己的才能。草图到底是先从这边提出，还是先从那边提出。勉强也都算是建筑师，这却算是战斗了。虽然长相平和，但是内在是“战斗体质”，有职员这样评价他。还有职员说：“伊东是对手。”

伊东事务所的项目基本是按照以下流程进行的。先是向伊东提出设计请求，或者是邀请参加设计竞赛。伊东首先会先思考内容，然后再找职员商量。有时，伊东会从自己的办公室来到职员所在的楼层，来询问职员们：“这个该怎么办啊？”

在决定了项目之后，就开始组织队伍。组长由中坚力量担当，组员会有一些年轻人和新人。事务所的主要建筑师处于一个掌控所有项目的位置，会对各个要点进行确认。比新人更缺乏经验的年轻学生则会为了之后制作模型而待命。

学生们会在伊东事务所称为“开放教室”的实习室，以实习的方式等待着。有从各个大学来这里的学生。虽然和打工一样，但是并没有工资。但是却可以了解伊东事务所的思考方式、制造方式，还有积累在设计事务所工作的经验，说不定还会有和伊东说话这样难得的机会。而且在设计竞赛截止日期前工作比较紧迫的时候，会召集很多打工的人来。这个时候会给时薪。

学生们时常会在包里装有年轻建筑师的装备，尺规、裁纸刀、镊子、酒精，这些工具都是为了做出精细模型，要把道具在工具包里整齐排列。

随着项目的进行，需要开很多次会。和伊东的会议都是在伊东出差的间隙中进行的，但是，主导会议的职员需要准备充分，这是基本要求。设计竞赛有截止日期，项目也有时间表，再逆向推算出时间，就知道在什么时候该做什么事情。因为伊东在东京的时间有限，所以需要早点预约时间。不做准备就提前预约这是很不好的。组长和伊东就会问："这到底是怎么回事？"

项目中会有各种各样的限定条件。从占地、用途、人数这种硬性条件到感觉比较好、能做成这样的话会比较好这种符合委托人期待的要求。根据这些，职员会考虑如何建造项目。项目就是，建筑师理解条件之后，再对各种要素进行分析，然后再构成，之后再绘制草图。

要建造至今都没有出现的建筑以及新形式，这些都是很重要的。比如将过去的建筑只设置一个房间，分为两个房间，或者反之将三个分别具有不同功能的房间整合为一。讨论如果把人走动的路线变化一下又会如何等问题。像仙台媒体中心那样的7层建筑都尽量不建造墙壁也是非常优秀的项目。

伊东的草图和职员的草图之间产生争议。根据原来某位职员说的，伊东会从这里开始突然跳入想象的世界中。项目看起来停滞不前，但之后就会突然上升一个级别，画出完全不同的草图。根据之前关于项目的谈话，之后又完全进入另一个次元。不只是要在理性上进行组建，还会引出无法用语言表述的感性领域的想法。风，或者说是流向。现在是管。

还有根据别的职员所说，伊东会不断提出新方案。作为职员是很希望可以重新"慢慢思考"，但是伊东会说："快点，不在这里就想出来是不行的。"

这种注意力是非常厉害的。伊东的草图是用铅笔画的很简单的东西，彩色铅笔和水彩上色之后就会产生很多变化。即使是出差的时候，他也会随身带着黑色软笔还有彩笔。

如果先拿出草图，那么就会限定之后的思考方向，所以伊东是希望对方可以先提出想法，但是在速度上总是会输给伊东。这个原职员曾经在休完正月的年假之后，在1月3日来到事务所，结果看到桌子上标有日期是1月2日的伊东的手绘稿。

还有“可怕的传真”。这种情况会在伊东去国外出差的时候出现。有职员想着争取到了时间，正想松一口气的时候，晚上就会有传真传来伊东的草图。或者，伊东起得比较早，习惯在早上五六点的时候考虑草图或者是那些悬而未决的方案。早上，来事务所上班的时候，就会从包里拿出草图。他们称之为“早上的草图”。昨天晚上才说过的东西，早上就已经初具规模了。因为不是自上而下的事务所，职员负有自己的责任，而被伊东越过的话也就没有可以负担责任的余地了。

但是，也有完全不画草图的时候。以前的话在谈话桌上，伊东和职员会有“这种办法怎么样？”“不，这样会不会比较好？”就好像是谈生意一样地画草图。但是最近，他更期待职员到底能拿出怎样的方案。

对于职员提出的方案，伊东会再加上自己的意见。这种方法不是“A”的对立面的“B”，而是在“A”之上再加上“a”。根据伊东的提议，职员再提出方案。然后再听伊东的意见。

在某种状况中这样的对话会创造出一些东西，伊东会从中看到某种意义。反过来如果对话不成立，那么就会变得很不开心。伊东和职员都在拼命动着脑子，但是脑子想的东西却不太一样。如果命令的话那么想法就会比较浅显，所以伊东不会命令，而是看起来像是和项目保持一定的距离。

职员会对伊东的草图感到如此恐惧的理由是，伊东画的草图虽然看起来简单，但是里面包含了所有的东西。

某位前职员这样说："追根究底就会变成这样，就会得出这样的东西。"如果不能用一张图简洁明快地表现出来，建筑就没有办法继续进行。那种将所有东西都融入画中的力量，可以让事态朝预定方向发展的力量是非常厉害的。根据画出的草图，可以更加清晰地明白自己在想什么。另一位前职员这样说："伊东先生会只把意识最深处的东西画成草图。"

伊东说："不管最后是不是能建成建筑，先试试看。"

建造工程师佐佐木睦郎看到仙台媒体中心的草图时说："草图是从口中说出来然后再通过手画出来可以抓住人心的。要画出心底的东西。"

那时伊东事务所正要参加设计竞赛。

"结合了密斯的合理的现代主义建筑，还有从高迪那里继承来的洞穴和拱顶的空间。将这两种系统结合在一起，融在一个建筑中。这让人非常兴奋。"

伊东是在成田机场用传真将草图传回去的。佐佐木说他一生都忘不了那个时刻。

顺便说一下，这个草图，在建筑、构造还有项目等各个点上，都对世界建筑界产生了冲击。只是一张草图就给人一种"好像会发生了不得的事情"的感觉。

伊东在画草图的时候看起来很开心。并且，是出差的时候一早起来就画出来的草图，所以处于注意力很集中的状态。平时的伊东不太会在意小的细节，项目的进行基本都交由职员负责，但是当伊东在自己的世界中开始形成某种想法的时候，职员就已经无法跟上他的步伐了。

当"决定就是它了"这种建筑和空间的图像出现之后，就开始进入到底应该如何建造的讨论阶段。这个时候伊东事务所让构造工程师在加入工作中。从仙台媒体中心之后，伊东开始变得毫不犹豫地追求建筑物的强度和愉快度，从提出条件到设计项目的初期就已经有了大概的想法，和构造工程师的联系也会变得提前一些。最近因为对单纯地把系统转化成实体的实验比较关心，说不定成形的图像会更加提前。

要将想象图变成实际的建筑要素，这是一个非常困难的过程。不像预制板装配式房屋那样，是把已经知道是怎样的建筑用材料重新组装一下，而伊东事务所是要从零开始，曲线、构造、开口部，这些都用什么材料之类的各种方案。曲线、构造还有开口部，这些在之前都还是没有的东西，手中拿到的建材都只是原材料。要如何将这些组装在一起？这就要用到计算机了。构造工程师事务所用计算机画出可能实现的图，然后和伊东的想象图重合，得出最终形态。

然后进入绘图程序。负责画平面图、剖面图等的是作为中坚力量的负责人。其他年轻人和新人就根据这些图来制作面积表和建筑工具表等。这个房间的地板是这么大的话，那么这种类型的地板需要多少，用哪种类型的玻璃、壁纸，各需要多少，多大的门需要多少。根据这些就可以做出预算。这个过程需要算出所有的要素，要有忍耐力和注意力，年轻建筑师在这个过程中会理解到建筑是需要无数建材组成的，可以锻炼缜密的思考能力。

在通过了建筑法规之后，就可以决定建筑公司，开始动工，随之就要开始绘制施工图。刚才说的设计图称为基本设计或是实施设计，表现出的是建筑物的设计概念、比例尺和构造，这个施工图中，墙壁是由几层构成的，还有窗框要如何做，比之前更加详细。职员就从这里开始分为东京和工地两部分。

伊东的草图到这个阶段还是会出现。扶手如何处理，楼梯如何安排之类的草图，事务所希望尽量考虑到细节，让草图用到最后。

到了这个阶段职员们必须拿出自己的草图。因为需要考虑的细节很多，必须继续处理。就连螺钉如何处理都要考虑到。

实际上，在项目最初阶段拿出的草图，某些职员说：“我们来画恐怕会有很多不妥的地方。”为建筑物注入灵魂的是伊东。

职员经历整个建筑的所有过程，就可以独当一面了。但是，体验过程也并不一定要与到建筑为止的流程一模一样。出乎意料的是派到建筑工地的人。因为工地是将建筑实体化的重要场所，所以应该出现的是老手，但是一般送到这里的都是年轻人。有时候还会送来新人。伊东事务所的某个年轻职员，工作第三天就被送去了松本市民艺术馆的工地帮忙，3 个月都没回来。

在施工工地有山一样的工作。首先要画施工图。不管是哪个建筑都需要 200 到 400 页的施工图。根据这些施工图，还要再给建筑承包商那边提供数千页的施工图。实际要用建筑材料的时候，还要画这个接缝如何处理，那个如何确认图。在给建筑承包商的图中，特别是关于设计的部分，要把外侧肉眼可见的部分特意挑出来，来确认是否和事务所的意图有所不同。

这里说的图，实际上会提供给混凝土商店、窗框店等建材商店，俗称“同业者”，也就是给各部分负责的商店，但是他们不只是做伊东事务所的工作。平时还会做和设计完全无关的工作。有时候也会出现无法理解事务所图纸的情况。这就需要大家互相确认，进行调整。

同业者会根据这个图纸制造和组装部件，如果轻视这个确认的过程，那么可能会做出和原本的意图不相符的东西来。A 部件和 B 部件简单地结合在一起就可以建造出建筑物来，但是如果用 A 部件和 C 部件相连，然后再把 C 部件和 B 部件相连，那么这个建筑就会不符合要求。建筑师的感性就体现在这种大小不一的地方。

只是画图就已经很难了，加上旁边就是建筑工地。还会有一些画在图上无法解决的预想之外的问题，有时候这些问题需要立刻就给出答案。而且工地是数百名工人的战场。他们都来自不同的公司，有基础施工、钢筋、造型、混凝土、电气施工、窗框、内部装饰等。还有雇用的临时工。

随着施工的进行，人们好像候鸟一样来了又去。

某位职员刚去工地体验过之后，说这是“文化冲击”。不论在大学如何学习，在设计事务所如何绘图，在不来这里之前都不会知道工地是这种尘土飞扬的环境。“现代主义建筑之类的”这些讨论在工地完全行不通。

“这个到明天之前必须得弄好。要如何弄？弄弯？折叠？还是熔接起来？”

就像这样，工地的施工人员拿着喷烧器，每天都很紧迫。

出生茅庐的年轻建筑师在这里接受锤炼。全是不懂的事情。周围都是可怕的人。没有人教过工地的默认规定之类的。会不会被工地的技术工人们当作笨蛋呢？自己一点儿经验都没有，会不会被建筑承包商的负责人看穿呢？工作量完全超出自己的承受能力。一直处于疲劳不安和压力中。这种情况要持续一两年。

本来把年轻人和新人送到建筑工地就是因为他们身份比较低。成为中坚力量之后一般就会有妻子和孩子，不可能长年不回家。如果是单身，去哪里都一样。而且不需要家族补助，只要往返在画图和工地就行了。就是这么寂寞、这么无聊的环境。因为是完全没去过的地方，所以也没有一起过周末的人。偶尔有时间自己去店里喝一杯，但是不论是谁看起来都是浑身散发着寂寞、难受的气场。

但是，也有因祸得福的例子。伊东事务所的职员中至少有两人是在工地的地方遇到了自己的结婚对象的。痛苦的气场会让心地善良的女性认为他“好可怜啊”，还会让人有一种“一个人在努力”这样的感觉。

顺便一提，伊东事务所的职员即使不去工地，也没有时间出去玩。从早上10点开始上班，一直忙到半夜，这是常有的事情。年轻人完全投入工作中，所以完全没有邂逅爱情的时间。不知道是不是因为这个原因，伊东事务所的职员中有好几个是通过网络寻找到结婚对象的。有的是在主页上联络到的，也有的是通过邮件认识的。以前，职员结婚的对象要么是大学同学，那么就是公司内的人，现在网络也已经渗透到建筑界中了。

除了草图之外，职员对伊东的看法还有其他的几个共通点。

1. 伊东根据情况和对手的不同会改变做法。

他会根据情况的发展来做判断。这应该是会做运动的人的特征吧。这方面的做法非常鲜明。即使在建筑工地，如果看到那里有樱花树的话也会改变设计。

2. 伊东并不狂热。

他不会说一些总结，或者分配等非常细节的话。他应该是有自己的判断基准的，并且非常执着于此，但是并不知道他到底执着的是什么。

3. 伊东是放任主义。

因为是完全交给负责人负责，所以作为职员来说是非常好的经验。即使去工地也不会说得很详细，只是说自己的想法。

4. 伊东非常清楚决定想法胜负的地方在哪里。

项目向哪个方向发展会更有趣，还有做哪个部分最后能得出最好的东西，这些他都非常清楚。掌控态势的方式，还有总结方案时的精神状态都是非常值得学习的。

5. 伊东知道在什么时间要去明确什么。

首先要明确，应该着重去思考哪一点。然后用简洁的关键词进行说明。虽然都是普通的关键词，但是用哪种基调就靠理性了。明快但无聊是不行的，想太多的话可能就会变得无趣。

6. 伊东会生气。

房间脏、早上 10 点职员没到齐、会议室的桌子上还摆着昨天晚上没有扔的一次性杯子，出现这种情况的时候伊东就会生气。还有就是拿出奇怪的模型的时候、拿着同时代的竞争者让・努维尔和雷姆・库哈斯的作品集作为参考来设计，他也是会生气的。

7. 伊东生气的对象是固定的。

感觉迟钝和没有计划的职员会令他生气。不听别人说话的人、没有弹性的人。还有就是为了应对伊东提出的问题，从一开始就想好了各种替代方案的职员。但是，能让他对他们发脾气的，都是对他们发脾气但他们不会气馁的类型。大家都会当作是在说自己一样的来听。职员的水平都很高。

8. 伊东非常重视人际关系。

对待职员也是一样的。对于诚恳的对手，即使时间短也会好好听对方说话。建筑没有交流就没办法建成，要有一个集体来建造建筑的意识。对包括钢铁工人在内的所有人都很客气。大家都会有一种“这是我建造的”参与感。

9. 伊东很喜欢 Garcons。

穿着 Comme des Garcons 的衬衣，然后再配上阿玛尼的西装。虽然不像是会穿 Garcons 的人，但是看起来是很帅。不教条，有一种“极品男人”的知识渊博的感觉在里面。

10. 伊东会把自己做的东西进行历史分析。

各个时期的建筑作品都会好好地画在草图上。即使想法改变了，也不会说谎而是直接说出来。会觉得改变这件事是有价值的。对于已经建好的东西，即使是自己的建筑也会客观地看待。对于作品没有奇怪的成就感。而且本来也没有把建筑当作商品。办事务所也不是目的，只是建造建筑的手段而已。

接下来也来列举一下伊东的职员观，以及事务所的经营观吧。

1. 选职员的标准是比建造建筑更基本的条件。

首先是作为成年人能和人进行交流。来到这里到底期望什么，是否有发现问题的直觉等。

2. 最基本的体力是很重要的。

3. 优秀的职员，大概三年才会出一个。

4. 职员经常会加班到很晚。

虽然这会耗费非常多的心血，但是几年之后他们就可独自建立事务所了。

5. 设计事务所可以相互利用。

我没有觉得我是在“培养他们”。虽然对方是这样想的。我自身的想法并不是特别好，绘画也不是特别好。只不过是经过长年累月的积累，培养出了类似于判断力的东西。

6. 事务所需要有某种一体感。

虽然不像以前一样。但是，最近的职员都变得慎重而老实，或者是把我当作非常厉害的老师，不能直白地说出自己的想法。

7. 我在商量事情的时候会打盹。

如果职员那边没有想要集中精力解决问题的决心，我会觉得没劲。

8. 会有觉得“要输了”的时候。

遇到有非常棒的点子，或者是画画很好的家伙。

9. 我是会全权交给别人的类型，防御型。

自己做的只有 20% 左右。剩下的会以类似招标的形式交给职员做。比起进攻型我更像是防守型的人。会根据对方拿出的东西来决定之后他们干什么。可能也是因为我的事务所里才人辈出吧。如果周围没有优秀的人才也不可能这样。

10. 事务所的概念无论如何不能改变。

设计事务所变成像是研究所一样，以个人名义从事工作的人们聚集在一起工作，这样应该能建造出更好的建筑。

巴黎 2：病房

2004 年 11 月 9 日晚，伊东再次来到巴黎的哥纳克・珍医院的施工工地。

这次来欧洲出差为参加瑞士的某个钟表制造商的招标会进行演讲，途中来到巴黎，对医院施工进程进行确认。

决定哥纳克・珍医院的室内装饰的截止日期迫近。必须要决定墙壁材料、天花板、地板材料、门、瓷砖等，然后预定。虽然外面是玻璃，但是为了不给巴黎的其他建筑物造成压力，采取了横竖分开的办法。关于室内装饰，想着来这个医院住院的人需要什么，室内装修成什么样才能让人感到安心，以此来探寻和建筑的关系。如果不这样，就不会出现“就是这个”这样的方案。所有职员都在为此而烦恼。

施工工地病房的等比例模型已经做好。上次来的时候，委托人提出关于室内色调的想法。准备明天和院长开会，之后，建筑师会再思考室内装饰并做出最终决定，这个等比例模型就是为了试装而做的。

上次来的时候这里还只是混凝土的空间，这次墙壁上已经贴上了壁纸，浴室内装了水槽和坐便器，还安装了推拉门，在床头有像是天花板一样的可以取下来的控制板，窗户已经装上了窗帘。伊东和职员，还有从日本来的柳泽、塔尔迪茨，以及埃克斯图拉・米洛斯的两名建筑师对控制板的高度和色调进行讨论，在他们旁边建筑店的工人们正在对门进行最后的加工。为了建造这个等比例模型的房间，找来了很多工人。

一踏进这里面，伊东立刻就发现了几个不行的地方。浴室对着病房那面的组装部分有一个圆的角落，还有浴室推拉门闭合的那个面。推拉门关上之后还能看到里面的白墙。因为有临终疗养院这个特殊的职能，这里面的内部装饰没有用到伊东建筑的某些最先进的东西，在成本控制和文化上都有某些限制。但是，也有他无论如何都没办法凑合的部分。虽然里面可以自由活动的空间比较狭小，但是也要尽可能让人有活动空间。

虽然部分施工商可能也是出于好意，但是伊东却觉得不好。厕所的门关上的时候门会碰到门框，尽量使其没有凹凸，这样门关上的时候门和墙壁就处于一个水平线了。而伊东却说，让推拉门突出来，去掉其他多余的加工会更好。又或者，为了让窗帘看起来不那么厚重，把前面的一部分斜着削出一个圆形的部分。伊东说，如果这样做了的话，就会让人在意房内其他地方的带角部分，不这样会比较好。这是决定到底设计到哪种程度才适度的一种交涉。

第二天早上，伊东再次来到病房的等比例模型。昨天因为天色已晚没办法看清楚房间内的颜色，所以他决定等天亮的时候再来继续讨论。伊东把昨天参观时觉得不妥的部分该如何解决画成了草图。推拉门闭合的部分，还有墙壁和推拉门之间的关系。职员们害怕的“早上的草图”，在出差的时候也和以往一样从伊东的包里被拿了出来。把这个草图拿到职员们面前，让大家确认一下。虽然只是用语言来交流会有很多无法理解的地方，但是用草图表现出来就会明白到底是什么。拿着草图的伊东，因为天气寒冷手都冻僵了。

在控制板上，有照明灯、紧急呼叫按钮、医疗器械的插座电源。为了可以进行维护所以前面必须要能打开才行。“把这里弄成可以打开会比较好”，或者“在这部分装上磁铁……”。在这间狭小的病房中，有很多未解决的点和之后要做的事情在等着建筑师决断。

因为是医院，所以在室内设计的时候会有很多条件限制，但是可以看得出伊东对窗帘的颜色有某种坚持。所有病房都是面向中间花园的，所以身处花园中可以透过窗户看到室内窗帘的颜色。基本色调决定用暖色系的红色，准备了很多种从黄色到茶色的渐变色的布。把这些布都挂在窗户上，到底用哪个好，这让大家很头疼。

现在的想法是，从下层往上层看颜色越来越深。中间花园的石头颜色是浅色。从花园的石头开始，目光向上移动所见之处的颜色越来越深。相似的布轮流换上进行比较。不符合病房的颜色，还有伊东不喜欢的颜色立刻就可以分辨出来，但是无论如何都没办法决定颜色的组合以及顺序。

渐变色很不可思议，即使决定好了起始位置的颜色，但是如果中间部分换成别的颜色，表现出来的感觉也会完全不同。对最终颜色不满意，就重新回到起始位置，或者把中间换成别的颜色。大家都没有预料到会淹没在颜色的海洋中。

职员带来的不只是布的样本，还有很多其他东西。地板的样本、为了把布贴在窗户框上的胶带、浴室壁纸的样本、剪子……无法选出窗帘颜色，话题就转到了浴室的色调、室内的壁材、地板材料上了。而这些也需要选择颜色。需要选出的颜色越来越多。

谈话间隙，伊东来到窗户旁边，继续把布挂上比较。伊东在几年前还是以建造现代主义建筑为目标，除了白色和银色之外基本不会使用其他颜色，但是现在却在数十种颜色中寻找自己内心想要的颜色。11 月的巴黎非常寒冷，置身在施工工地，就好像在冰箱里一样。伊东和职员们都围着围巾，吐着白气继续工作。透过窗户又会看到什么呢？一行人来到中间的花园抬头看贴上样本布的窗户。从中午开始，和医院院长一起开会。100 年前建造的医院，是一座砖造建筑物。会议是从施工工地脏乱的话题开始的。上次来施工工地的时候，伊东就很在意工地杂乱的状态，这次一点都没改变。病房等比例模型的做工也很粗糙。这应该也和工地的杂乱有关系。建造商是委托人直接雇用的，所以首先要向委托人提意见。

“已经开始安装窗框了，真的非常期待。本来想看了病房的等比例模型之后再进行详细讨论，但是状况有些不好。”

“施工不行，还是工地的状况不好？”

“都不行。”

虽然负责施工工地的是委托人雇用的项目管理，但是伊东说他们的工作太松散了。

会议的话题有：插座的位置（病房的上方需要有患者用的广播和电视、医生和护士用的器材、下面要有吸尘器用的插座）、墙和地板交接部分安装的木制边的高度（因为有轮椅，所以需要比普通的更大一些才行）、窗帘和床罩的颜色是否需要统一等房间内部的细节。

在医院的食堂吃过午饭之后，伊东一行人和院长一起回到了施工工地。来到病房等比例模型里面，再次开始讨论室内色调的问题。

“各个楼层地板的颜色，从下至上呈渐变色，室内窗帘用红色系组成马赛克的样子。”

几小时前，还说窗帘要从下至上呈渐变色来设计的伊东，在午饭前和院长聊完之后改变了想法。院长在会议中这样问道：“各病房之间要如何区分呢？”医院的工作人员一踏人病房就要立刻能分辨出病人，所以同一楼层的房间都用同样颜色的窗帘，那就不容易弄混了。

受到这个问题的刺激，伊东脑中一下产生组成马赛克的想法。从中间的花园抬头看，建筑物的窗户就变成各种不同的颜色交错在一起。

等比例模型病房的外面，从早上开始就有一位上年纪的工人在切割金属管，然后组装在一起。他徒弟在他旁边帮忙。虽然非常冷，但工人只穿着蓝色工作服。两人之间没有多余的对话，只有几根钢管在手中递来递去。

那天还有施工工地的工人每周例会，伊东也参加了。本来施工工地的会议都是交给负责人负责的，但是正好赶上了，并且伊东也很在意工地杂乱的情况。

“施工工地很杂乱，而且还有很多错误。这次来，我很在意房间的施工以及工地的杂乱。之后建筑会接近竣工。我以后也会尽量多来施工工地，所以也请大家多费心了。”

晚上，去了巴黎市立建筑博物馆。伊东去参加展示设计展览会的会议。分隔用的挂帘的安装，还有照明测试进行到很晚。

巴塞罗那和托雷维耶哈

11月11日下午，伊东来到了巴塞罗那国际展览会的建设工地。这里有几个可以称得上是到目前为止事务所最大的项目。首先来到工地上的一个小屋里，戴上事先准备好的安全帽之后，伊东来到了展览会的施工工地。在这片建筑工地中，有可以眺望得到召开了1992年奥林匹克运动会的蒙锥克体育场。2002年，在主办方“FIRA2000”举办的招标会上，伊东事务所获得了场馆5、入口的场馆0，还有贯穿展览会的主干道、场馆5前面的办公楼以及大礼堂的建造工作。场馆5已经开始动工，场地中到处都立着柱子。

因为伊东的到来，这里聚集了大概20人。有伊东事务所在西班牙分部的数名职员，还有委托人一方的工作人员、当地的构造设计事务所的工作人员、建筑公司的一些相关人员等。首先，从检查场馆5的柱子开始。

这一天不那么顺利。埋入钢筋的混凝土柱子做工很粗糙。在日本，在注入混凝土后，为了提高密度，工人会趁混凝土还是软的时候用棒子敲击，但是这里没有。粗糙的做工体现在表面的褶皱上。只是看的话没有说服力，大家都用手摸着那个混凝土柱子的表面。

工作人员为主干道的地板准备了很多石材，但是伊东都不满意。在人造大理石中混入天然大理石，这种构成是伊东到目前为止的建筑中没有采用过的，而且感觉没有完全合适的色调和素材的组合，伊东和负责的职员都沉默着，只是对比着地板的模型还有材料的样本。加上还有巴黎医院的项目，最近全都是需要决定颜色的工作。

在场馆前面的广场上，摆着要铺装的混凝土瓷砖。制造预制混凝土建筑材料的是西班牙制造商艾斯考菲。这家公司是因为制造了巴塞罗那最著名的

breinco
breinco
breinco
breinco

商业街格拉西亚大道，高迪所设计的建筑的预制混凝土建筑材料而为人所熟知。格拉西亚大道的预制材料是六角形的，不同的花式各占一半，花式又连在一起铺陈开来。

在离开工地之后，出发前往事务所在西班牙的分部。和当地的构造设计事务所 IDOM 共用的办公室中，有 6 名伊东事务所的职员和本地雇用的职员。

混凝土公司送来了家具的模型。都是街道装饰，先用于伊东设计的福冈中心公园，之后开始批量生产。该公司还做过高迪的瓷砖，还有其他建筑师以及艺术家的街道装饰。最近还制作了英国建筑师恩瑞克・米拉莱斯设计的如同飞毯一样的街道装饰。

模型是用塑料泡沫制作的等比例模型。全部拼在一起是一个直径 11 米的圆形，其中一部分现在就在这里。背面是起伏的波浪状，圆的内外都可以坐。

看完之后就开始开会。FIRA2000 的负责人弗雷德里克・克雷斯波也出席了。他好像是希望可以尽快完成设施，所以来确定一下场馆 5 的基础构造部分以及之后的进度。FIRA2000 作为巴塞罗那首屈一指的国际展览会场，到目前为止，每年都会举办 40 次左右的展览会。其中名为“巴塞罗那建材展”的建材展览会非常有名。

克雷斯波提出场馆的屋顶是不是可以种草进行绿化，还有广场中如何配置水的设施等问题。广场长 200 米，为了不让行人觉得无聊所以想要修建类似河流一样的设施，水面上可以映出场馆的正面，河流不想设计成同样宽，而是在某个地方宽一些。当地构造设计事务所的工作人员，希望能给他们日本的混凝土制造的照片。希望能用照片向施工者说明日本的混凝土制造更漂亮。

这个大型项目的总负责人克雷斯波看起来 40 岁左右。因为几年前的车祸下半身无法动弹。他的精力异常充沛，坐着轮椅又开始了工作。克雷斯波的坚韧以及对工作的热情鼓舞着伊东。

会议结束后，一行人分别驱车再次来到施工工地。为的是在夕阳西下的时候测试一下喷水的照明系统。广场部分在河流的设计之上还有喷水设施。虽然没有特别的设计预算，但是希望通过在水源部分加入光纤和卤素灯使其和喷水的照明组合，能够让喷水系统变得更有趣。在摆满了器材的空间里，耳边到处都是噪声，满是灰尘的施工工地，只是站在那里都需要很大的勇气。

在施工工地上装上喷水设施，伊东和他的设计组在远处围观设备，观察喷水的颜色。在昏暗寒冷的环境中，喷出的水随着风向这边飞溅过来。将光线固定后，变成水喷一下停一下的模式、将水染上颜色像箭一样射出的模式，还有呈圆形的渐变的模式。在那里站了大概两个小时吧。在看了几个模式之后，伊东涌出了灵感。

“整体是白色的，时而加入其他颜色会比较好。”

夜深了，伊东叫来了驻西班牙的伊东事务所的职员还有熟人，一起来到日本料理店吃晚饭。在没有工作时的聚餐，不论是在巴黎还是在巴塞罗那，伊东都会像这样和职员一起吃饭喝酒。虽然大家也有些拘谨，但是还是会满心期待。既可以作为画图到工地两点一线的单调的海外生活的调剂，又有可以和伊东进行直接谈话的机会。

第二天，是从和艾斯考菲公司的会议开始的。看着昨天送到的街道装饰的模型进行讨论。讨论了背面也用波浪形的弯曲形状，还有混凝土的制造。这里用的混凝土是砂石中混入骨材，但是如果打磨，骨材就会浮到表面。伊东提出，背部只打磨上半部分使其非常光滑。混凝土打磨之后再进行表面涂层，表面就会变得光滑。

用塑料泡沫制作出模型之后再开模，但是开模要花九个礼拜。搬入这里的有两种模型，一种坚固，一种是给人纤细的印象。来参加会议的艾斯考菲的董事长评价道：“下面那个纤细感的比较像伊东的风格。”伊东说：“哦。”算是肯定。福冈中央公园的建筑工地要在 5 个月内完工，开模需要九周，那

么混凝土的制造还有搬运只有3个月时间。时间非常紧迫，但是这个圆形混凝土装饰算是艾斯考菲在日本的首秀作品了。

艾斯考菲一行人离开之后，就开始了公司内部会议，讨论照明、玻璃还有坡度等。事务所中负责这次项目的其中一人说，这个项目实在是太大了。在接到这个项目之前，伊东事务所接到的最大的项目就是总面积21 680平方米的仙台媒体中心。但是，这次FIRA2000的项目，仅场馆5就有45 000平方米。自从赢得竞标之后经过了两年最近终于看到了另一边。

作为道路使用的主干道被设计为高7米的桥形建筑，这个设计也需要讨论。墙面是玻璃，但是如果玻璃之间有空隙，也许会有人向里面扔垃圾。这是非常不好的习惯，但是公共建筑需要考虑这些。

有一个职员提出，可以在空隙中注入彩色塑胶。伊东说："不，透明不是很好吗？不要想那些没用的……"最近事务所的工作都和颜色有关，把想太多的人给拉回来也是伊东的工作。

话题转到地板材料之后，又停滞不前了。把样本摆在地板上比较，结果问题又变多了。再过几周就必须决定石材的供应商了，职员们都很着急。石材要用在主干道上，还有场馆0、场馆5的台阶，使用面积非常广，中意的颜色大面积使用也会不妥。把颜色的样本摆在眼前，伊东和职员都在脑中像是解纵横字谜一样试着排列组合。他们在努力找出可以用在大面积上的颜色。如果这里不严格，那么后面就会面临全局崩溃的状况。

在地板材料还没确定的状态下，伊东和负责的职员来到了西班牙著名室内装饰设计所PEPE CORTES。看了石材样本。PEPE CORTES设计所位于石板道上的古建筑中，里面被改造过，内部很宽敞，他们看了各种各样的石头，设计所向他们介绍西班牙的地板材料的相关事宜。伊东终于有了用什么颜色的灵感。主干道"在白色人造大理石中，加入不太引人注意的颜色的石头。"场馆5的内部大厅"在里面贴上比较贴近黑色的铁平石。"

2点半，伊东和当地建筑师费尔曼·瓦斯科斯共进午餐。在西班牙一直担任伊东翻译的铃木重子为两人翻译。

瓦斯科斯作为帮助伊东事务所的当地建筑师，和项目有很多的交集。他自己的事务所中有70人，这个夏天伊东事务所也有几名职员在他的事务所做客。

根据瓦斯科斯所说，在西班牙有一种名为“阿帕雷哈德鲁”的职业。从语源上来解释的话，就是“积累砖瓦”的意思，翻译过来就是“建筑技师”的意思。这个职业既不是技术人员也不是建筑师，而是负责统筹与建筑有关的一切的人。以前，会有比较细的分工，委托人会雇佣“阿帕雷哈德鲁”。但是最近不再雇佣，施工的质量也在降低。瓦斯科斯说，最近从事这个职业的人的技术也在衰落，以前可以毫无顾虑地把这些工作交给他们，现在就不行了，这就是西班牙的现状。而重视质量的建筑师，因为现状工作量就增加了。

11月14日，伊东到了西班牙的小城阿利坎特的机场，当地的建筑师安东尼奥·马鲁科利尔来迎接。阿利坎特作为西班牙的观光地之一而广为人知。虽然是观光地，但是没有奢华的酒店林立在美丽的沙滩上，而只是非常大众的观光地。

以温暖的气候为卖点，近年开发也在急速进行中。在名为托雷维耶哈的小城里，伊东设计的贝壳形状的独特项目在其郊区进行着，从1999年到2000年，每年都有7000户住宅建成。每户的价格大概在2400万日元。但这座住宅群建成之后的景观却惨不忍睹，于是政府对乱开发行为进行了反省，之后为了能建成更好的建筑而委托伊东设计度假设施。那是2002年的事情了。这次伊东来访的目的就是确认建筑情况。

乘坐马鲁科利尔的车大概1个小时。像是装饰蛋糕一样的甜腻的建筑住宅中间，突然出现了一座木制贝壳建筑。因为到处都贴着黑色的塑胶条，所以看起来更像是横着的鲸鱼。他只是在车里确认了一下，然后就直接去市政厅参加会议了。

位于小街道里的市长室，托雷维耶哈市的市长和穆尔西亚市的市长正在等着。市长背后的墙壁上贴着托雷维耶哈的航拍地图。

托雷维耶哈有两座湖。一个是粉色的，一个是蓝色的。粉色的湖是因为高含盐量以及细菌而产生的变色。这个湖和周边的沙滩有疗养的功效，所以居民和游客经常会来这里。而这并不是宾馆经营的，使用者可以随心所欲地把自己埋在沙子里。可以算是令人放松的场所了。

伊东计划是把这个设施建成三层的长贝壳的建筑。沿着粉色湖的沙滩的等高线划分，完成之后有一半会埋在沙滩里。把这个建筑缩小来看，就变成了从沙子中挖出贝壳的样子，成为一种让人怀念的风景。就好像是它本来就在那里，是完全融人景色中的建筑。三栋楼都有信息中心、咖啡厅、浴室和更衣室。

但是，现在建设中的只是其中之一。托雷维耶哈市长希望建设这个奇妙的建筑，不过没有钱。但是可以从有资金的部分开始建设。

市长说西班牙语，马鲁科利尔翻译成英语传达给伊东。但桌子周围环绕着相互理解的气息，超越了语言的障碍，会议进行很顺利。托雷维耶哈的市长和穆尔西亚的市长脸上浮现出的是对小城市满足的表情。在托雷维耶哈的航拍图的旁边，是在西班牙的任何城市都会有的中世纪的徽章。

旁边的穆尔西亚的市长出席这个会议是有原因的。在穆尔西亚的绿地建设公园的项目，他想委托给伊东来设计。为此，他希望可以请伊东去穆尔西亚看一下。在会议结束之后，一行人朝粉色湖进发。进入施工中的贝壳中。贝壳是由直径6厘米的5根钢筋，从一端错开向另一端平行螺旋卷曲，中间用木头连接。之后在上面盖上板子作为外皮。这是谁都可以明白的简单的构造。

通过梯子进入内部。这次，加上当地的建筑相关人员有 20 人。在登上

梯子之后，觉得另一端不亲眼确认一下有点不放心，大家向另一端走去。小贝壳好像承受不了这种重量，有一些晃动。

虽然是很小的构造，但是一行人花了很长时间，像是要细细品尝美食一样，从建筑物的内部到外部都仔细检查一遍。大家所站的地方是一个像飘浮在空中的平台，但是大家还想确认一下下面是什么。于是相关人员将身体探入外皮和平台中间的空隙，观察下面的样子。

之后一个接一个的从里面出来，从贝壳中走出来。在晴空之下，粉色的湖真的是粉色的。虽然已经 11 月了，但是温暖的风还是吹过了草地。伊东一个人乘坐施工的升降机来到房顶，好像还在曲面的房顶上走了几步。地上的人远望着这一幕。在贝壳周围，时间好像不存在一样，所有都是慢放模式。

开车到穆尔西亚只有十几分钟。这座沿着河流建成的城市在公元 9 世纪建成，到处都充满了中世纪风的地面以及大教堂等建筑。这天是周日，所以在广场上聚集了很多人。

除了马鲁科利尔以外已经没有托雷维耶哈的相关人员，穆尔西亚的市长和伊东对坐在桌子的两边，还有几个穆尔西亚市政府的人员一起进餐。前菜中掺入了西班牙特产珍馐乌鱼子。绿地面积有 30 万平方米，起到了连接市中心和郊外田地的作用。穆尔西亚以前就是灌溉设备发达的城市，因此这里是很多蔬菜的产地。

吃过饭后，一行人过河，从对岸远远眺望那片绿地。绿地上面只有绵延的草地。沿着河边走了一千米，对岸的风景还是一成不变的草地。沿着河岸有几处地方站着警官，对向这边来的汽车和自行车进行询问，这好像是市长的警卫在进行保护工作。

伊东说他很喜欢公园的计划。建筑从物理性质上来说不管怎样到最后都会形式化，而公园是不分内外的。走了大概两个小时，之后伊东乘马鲁科利尔的车离开了穆尔西亚。在去机场之前，伊东都在托雷维耶哈市的马鲁科利尔的公寓中度过。马鲁科利尔的公寓是去除了所有无用东西的超现代设计。大厨房、大门、大房间，所有东西都简洁地摆放在直线上，好像身处纽约一样。今天看到的贝壳还有中世纪的街道的风景，好像是做梦一样。因为做建筑师没什么存款，所以也会兼职不动产还有改装工作来积攒资金，马鲁科利尔这样向伊东说明。最近在东京和伦敦也经常有这样的事情。

福冈：伊东培训学校

11 月 19 日，在福冈 Isand City 中央公园的建筑施工工地的小屋，当地的女建筑师松岗恭子和泰国的女建筑师拉切波·邱秋爱和伊东进行商谈。想要在大学以外的环境中对学生进行指导，伊东的愿望有了实现的可能。那就是“伊东培训学校”。从东京来的寺田真理子也参与其中。邱秋爱在东京大学留学之后，又在哥伦比亚大学获得了博士学位，现在在泰国的朱拉隆功大学执教。

福冈 Isand City 是建在博多湾内的人工岛，除了码头之外，还设计有住宅、公园、研究所。在公园的招标中日本综合设计公司和伊东事务所联合取得了优胜，伊东事务所负责设计温室和咖啡厅的主建筑。除了主建筑之外，在公园里还设计有五处仿哥特式建筑（凉亭），伊东培训学校将其中一个拿出，交给松冈和邱秋爱负责，动员当地学生进行设计。

主建筑好像是从地上自己长出的一样蜿蜒向上，连续三栋建筑之间，一栋的屋顶是下一栋的地板和墙壁，之后又是屋顶。虽然觉得自己还在建筑内走着，但是不知不觉已经来到了外面，好像莫比乌斯带一样。这是最近伊东热衷的管状概念的具现化。为了将这个不定形的表面用混凝土建造出来，利用了计算机解析技术。

在工地小屋旁，有一个为了测试计算出的混凝土外皮到底是不是可以在建筑上使用的实物模型。模型高 5 ~ 6 米，可以看到混凝土的横截面。到这里来参观的人也很多，旁边还有一个写着“自由曲面模型”的牌子。自由曲面在几何学上无法单纯地表现出来，任意而复杂的曲面构造出屋顶和墙壁空间。

伊东将这个工作委托给作为构造工程师的佐佐木睦朗，他开发出程序，可以把建筑师画出的自由曲面状态图，自动转化成最合适的构造体的素材和强度面。在接到这个委托的时候，佐佐木提出希望伊东事务所可以先做出模型。无法在构造原理上成立的部分再加以修正，之后佐佐木再将其输入计算机。这时，大概有多大，在哪里希望有天窗，还有哪个部位需要开口等在建筑里已经完成了。

将计算机中的三次元数据导入刚才提到的程序中解析。因为屋顶上有人走动所以要加上耐重、拉伸、弯曲、变形等，和最初的形态接近之后再进行修正，得出最适合的解法。伊东再对形状进行修正。之后佐佐木再导入计算机中。

程序会将构造的最适合化放在优先位置，这里高了那里就会低，这里扩大了那里也会扩大，进行统筹安排。在这个过程中伊东再加入自己所关心的重点，程序再进行判断，与关心点相结合。最后得出的是综合了表现性和合理性的、系统的形态。

根据佐佐木所说，把最初的形状导入之后到得出最合适的解为止，普通的笔记本计算机只要 30 分钟。虽然依靠计算机的力量可以得出任何可能的形状，但是必须要具有独到的眼光才能具有美感，所以这时就需要建筑师了。

在计算机解析出构造的强度之后，为了弄清楚实际上要怎样建模，要对如何加入钢筋进行演练，还要知道在大坡度的地方混凝土会不会掉下来，为了对这些进行实验，和工人一起在施工工地建造出的实物大模型就是“自由曲面模型”。如果是直上直下的墙壁，那么钢筋是垂直的，但是这里是无数钢筋组成细网，覆盖在三合板天花板的曲面上。施工的时候，也是把稀的混凝土涂在管道上，然后把网遮起来。

学生们就从这个“自由曲面模型”的旁边进入工地。眼前是一个像小山一样的建筑。大家看着那个小山，好像一下子无法接受那是一个建筑。构造工程师佐佐木说：“伊东想要给建筑自由，这非常有趣。”但是对于接受传统建筑教育的学生们来说，伊东对自由的理解可能超出了他们的认知。

首先，由九州大学副教授出口敦对福冈 Isand City 进行介绍。这座人工岛占地 4 平方千米，打算花 20 年左右的时间开发。这里有太阳能住宅、地域能源管理系统、地域交通系统、野鸟公园、亚洲商业区等。而这一切是以公园为中心建设城市的一种尝试。

这个说明是在工地旁边的小屋进行的，旁边建筑工地的声音毫无遮掩地传入房间。有推土机的声音、有不知道在敲什么的声音。接着伊东开始介绍主建筑。当刚从政府接到这个方案的时候，“大家都哑口无言”，但是最后变成“来试试看”，可能要得益于福冈的开拓精神。

在人工岛上堆土，形成地形起伏，然后在这之上加一个起伏地形的主建筑。这样就可以从上向下看人工池。在已经存在的历史悠久的城市中无法做到，但是在这个新建的土地上可以实现。只有在这里才能做的伊东的实验，这是建造和自然同化，包含资源再利用在内的 21 世纪的城市建筑概念的新探索。

“近代主义的建筑，也只是弄一个箱子看起来明快就结束了。即使说是利用自然能源，也只有把装置放在箱子里这样的方法而已。”

但是现在，我们觉得还有更新的可能性。每两年会举办一次亚洲建筑师的学习会，计划把每次的内容都做成文档保存。希望他们可以明白，这些文档会在景观中占有非常重要的位置。

“我会支持你们，请做出可以让市民挑不出毛病的作品来。”

介绍结束之后，大家戴上安全帽，来到外面的工地参观。首先来到人工池，从那里远望主建筑。人工池是为了储蓄雨水而建造的，已经蓄满了水的池面倒映出旁边的设施。在几层高的山脉之上拉着细钢筋，可以看到上面有施工人员在走来走去。

一行人从人工池旁朝设施靠近，不知不觉就登上了脚手架的台阶站在了屋顶上。竣工之后，就不再是这种垂直的台阶，而变成从地面开始连接屋顶的缓坡。在屋顶之上，可以看到邻近的人工池以及远处施工的样子。

担任伊东培训学校负责人的寺田真理子，在1989年左右还是日本女子大学的学生，那时伊东教过她设计。伊东从1988年开始担任日本女子大学的讲师，每周有一次设计课程。

距今已经15年以上了，但是寺田还记得那时候伊东的敏锐和恐怖。他时不时会发火，而且对事务所的职员也非常严厉。但是在和年轻学生进行交流的时候却很开心。

设计课程的课题是“在市中心居住”。还记得沿着东横线的线路到实地去参观。课程是每周周五，下午6点结束，下午7点在新宿高野前站集合。在参加设计课的十几人中，包含寺田在内的四个人组成了“潮流伊东”，在和伊东会合之后又前往新宿。在填饱肚子之后，他们就来到新宿3丁目附近的KTV或是酒馆。这时候还会有建筑师和建筑杂志的编辑一起来，一边唱KTV一边谈论建筑。寺田觉得伊东真的非常喜欢建筑。

他们四个人也会有“这样的世界级的建筑师，和我们一起为什么会开心呢？”的疑问。寺田会问伊东“ephemeral是什么？”“cosmology是什么？”等伊东使用的单词的意思。20世纪80年代末的伊东思索着作为建筑师应该如何面对消费社会，于是造出了“ephemeral”“表层”“条码”“simulated city” 等新关键词。

周六，他会对满意的学生进行指导。但是虽说是指导，伊东经常都很忙所以调整时间真的非常不容易。后来，他也会让学生和职员一起吃晚饭。几年前从伊东事务所辞职的妹岛和世是日本女子大学毕业的，伊东也曾打电话叫妹岛出来一起吃饭。

在福冈Isand City的工地小屋和学生们一起吃了工作餐之后，伊东开始和这里的职员开会。话题是屋顶的细节。为了不让屋顶上滴下的水弄脏墙壁，屋檐的前段加了一段10厘米的铝合板来排水，在屋檐上装上名为“最后一击”的防滑装置，还有天窗的遮光帘用什么颜色等。和刚才宏大的话题不同，此时一下变成了微观的话题。这就是建筑师的经验和敏锐的洞察力吧。

吃过饭后，他比较困，对职员说的话勉强地用“嗯”附和着，眼睛越眯越细。伊东困了，职员安静了。

“嗯？” 好像是注意到变安静了，他就抛出了问题：“哪个比较好？”

到底是睡着了还是醒着的？伊东可以在宏大的构造和建筑细节，以及睡与不睡的世界中自由穿梭。

东京 8：年末

2004 年 12 月 27 日暮色降临，伊东事务所的车库，年末的垃圾袋堆积成山，好像是在鼓励职员努力制作模型。可以看得出在这年末繁忙的时刻积攒了不少项目。

在会议室，伊东正在进行社内会议。在巴黎的职员高塚章夫也回来了，商量关于巴黎市立建筑博物馆展览的设计事宜。同样从巴黎回来的还有照明设计师石井丽萨明理，曼努埃尔·塔尔迪茨也一起参加了会议。石井是著名照明设计师石井干子的女儿，以巴黎为中心开展工作，负责伊东展览会的照明设计。

在用铝箔覆盖的地板上，用铝块堆积成墙壁，然后用白色软布进行分隔。在钢筋建筑内创造出白色的世界。

议题是用布营造出入口。伊东说用帘子遮住入口会有种偷窥小屋的感觉。在圆形入口安排箱形空间，先引导参观者进入。之后开始讨论如何缝布。

在展览会的商议结束之后，开始讨论哥纳克·珍医院的事情。负责人东建南和柳泽也加入了，高塚把实体模型的照片摆在桌子上，供大家传阅。

这个会议室墙边有一个横向很长的浅架，里面摆着很多小东西。用激光切割出的琥珀色的类似于帆船的模型、密斯·凡·德·罗设计的模型、金狮子奖的奖杯、塑料泡沫做的小模型、苍又史郎做的玻璃花瓶，旁边还有猴子玩偶。既不是伊东的宝物柜，也不是为了摆放奖杯。

巴黎的工作进行得好像很顺利。伊东拿起中心花园一旁的正面照片看着说道：“这个不错。”在铝制板和用热处理印花的玻璃板重叠的建筑表面，映射出庭院中的树木。伊东最近关心的样式和自然，从医院的中央花园向上

a Internazionale di Architettura - Next
Leone d'oro alla carriera
Toyo Ito

看，化为抽象的平面。

病房窗帘的颜色好像还没定下来。虽然已经选出了几个以红色为中心从茶色渐变成黄色的基调，但是委托人认为“不显眼”，否决了半数。之前考虑的是把病房的窗帘设置成从外面看像是马赛克的图案，但是关于颜色的组合又退回到原点。把红色窗帘用在医院上，这一点可能也只有在法国才会出现。委托人还想要更艳丽的颜色。

又摆出了一堆颜色的样本。有 40 种颜色，紫色、红色、胭脂色、橘色、黄色、茶色、米色等。颜色越是多越难选择，一群男人围桌而坐，反复把各种红色组合之后，再拆掉、再组合，反复多次。把组合中的一个颜色改变之后，其他颜色也会改变，越来越无法进行下去。

持续了数十分钟，把他们认为的最佳选择贴在会议室的窗户上。稍微拉开距离眺望。红色到茶色，和红色到紫色两种渐变区分开来。透过布射进的光线很弱。之后，一行人又到一楼，从马路上向上望窗户。来往的行人，也随着他们的视线一同确认样本。

伊东学校

1971年伊东事务所的前身创立时，伊东30岁。最初的职员祖父江义郎比他小6岁，从广岛突然来访的石田敏明比他小9岁。但是现在，新职员已经和伊东有40岁差距了。35年以来，在伊东身边锻炼过的职员人数之多，已经能称得上“伊东学校”了。而事务所的发展历程也是伊东自身轨迹的证明。

1978年加入事务所的泉洋子，在她还是日本女子大学大四在读生的时候，伊东完成了“中野本町之家”。她想要去设计住宅的建筑师那里，于是通过月尾嘉男拜访了伊东，最初是来打工，在这期间成为正式职员。

当时，包括伊东在内有四名男性，只有泉一名女性。她兼职秘书的职务，时常会像“您好，这里是URBOT。”这样接电话。工资是7万日元。比泉小两岁的妹妹是普通白领，月薪是14万日元，泉只有她的一半。事务所没有委托的工作，伊东会给杂志写随笔挣些零用钱。夏天会在事务所煮面，大家一起吃。那时真的是非常贫穷。泉现在还是事务所的专务，负责事务所的运营，现在职员会吃1000日元的午餐，回想当时恍若隔世。

泉记得那个时候的伊东总是战战兢兢的。也因为这样事务所的气氛也很紧张。有时候一天都没人说话。1979年事务所获得了日本航空的设计工作之后有了收入，事务所也蒸蒸日上。这份工作是对日本航空在世界各地的售票柜台进行重新设计。伊东乘坐飞机在世界各地来回出差。

妹岛和世在日本女子大学读研究生的时候，曾来到事务所打工为柜台设计的图纸上墨。她很喜欢“中野本町之家”，所以很开心。还记得伊东说过“真是很闲啊”这样的话。因为每天都来，所以妹岛和祖父江和石田关系也很好。毕业的时候，她参加了伊东每周都会开的关于住宅系统的多米诺研究会。妹岛的工作是把大家调查后拿来的东西整理好，那个时候整天喊着“请让我加入吧。”

但是即使加入事务所，她还是很怕伊东，一直到6年后辞职。商量事情的时候也不会看他的脸，目光是向下的。有时候会觉得无聊，也经常会觉得是不是辞职会比较好。

总之就是经常被骂。首先，她不知道如何跟伊东商量。说明的时候会被说“只会嘴上说”，不说话就会被说“好不容易跟你商量，为什么什么都不说？”在要对委托人进行说明的前一天说“不想看无聊的方案”。在每周一次的面谈之前，两天之前她就开始紧张到吃不下饭了。差不多四年，在某个项目上和饭村一起工作的时候，终于明白要如何做了。

当时工作很少，一个住宅项目会有三个人参与。伊东要和矶崎新、安藤忠雄一起参加在纽约召开的建筑师会议P3会议，为了这个国际舞台打算设计自己的住宅。把之前芦原义信设计的旧房拆掉重建，饭村负责设计。在和评论家多木浩二的交流中，伊东本来打算要让它和邻近的“中野本町之家”保持连续性，后来改变了想法，这个过程很有趣。多木说：“为什么一定要延续中野本町之家的设计呢？”伊东恍然大悟。

妹岛负责过梅丘之家、自己老家的花小金井之家、东京游牧少女包、神田M大楼等项目。到30岁差不多要辞职了，为此她找伊东商谈，结果伊东说：“我从菊竹先生那里辞职的时候，比你现在更有自己的想法。”加之正好接到新的工作，于是伊东对她说：“请做到这个工作结束吧。”她暂时留下来，但是那个时候赶上泡沫经济开始走下坡路，项目中止了。于是妹岛辞职了。那是1987年。

妹岛和世加入事务所的时候伊东39岁。她觉得那时候还真是年轻啊。虽然经常被骂，但是快乐且充实。现在想想，那时候为什么会经常被骂啊。

设立自己的事务所之后，妹岛每次面对困难时会想“这种时候，如果是伊东先生的话会怎样做呢？” 然后找寻答案。人是如何流动的，想着怎样的空间能让人感到安定，她认为这些都是受到了伊东的影响。辞职已经快20年了，设计方法也在发生改变，但是组合的过程还是延续了那时在伊东那里所学到的方法。

东建男在1985年入社之后，立刻就参与了银色小屋的工作。他觉得这是具有划时代意义的建筑。到那时为止，伊东一直受筱原一男的影响所设计的封闭空间，豁然开朗了。能够和好的作品相遇很开心。那个时期，东京每天都在发生着变化。中野的住宅区建造了这样的建筑，本身就是变化的证明。

东建男在和饭村、妹岛、桑原立郎一起参加藤泽湘南台文化中心的招标之后，目睹了伊东事务所的变迁。几年之后，职员越来越多他成了主建筑师。

东建男一直想要自己试着解读伊东，他所想到的是，伊东具有批判的视点以及抽象化的能力，这两者如两个车轮般同时存在。批判的视点对自己的作品也适用，对界限和失败非常有自觉性。所以，经常会想要下次更好。伊东可以把距离很远的空间和时间呈现在眼前思考，这就是抽象化的能力。虽然也会有情绪化以及过于理想的时候，但是这两种能力是引领世界不可或缺的能力。

1987年，研究生时期曾在伊东事务所打工的曾我部昌史说“这里是一个有声有色的事务所。”所谓有声有色，是指工作和娱乐。那时事务所非常狭小，职员在附近公寓中的一个房间工作。晚上会拿幅画好的图纸到伊东那里，去的时候他会说：“今天一起去玩吧。”虽然工作的时候有紧张感，但是娱乐的时候也很多。夏天，看到东建男在看高中棒球比赛。

临近毕业的时候，伊东邀请曾我部：“要不要来我们这？”与父亲商量，结果遭到了反对“不要去那种跟演艺圈一样的地方。”父亲肯定是担心孩子的将来的。伊东虽然因为自己的住所银色小屋而有名，但是除此之外再也没有别的作品了。曾我部的父亲因为认识大型综合建筑公司担任要职的人，所以想让他去面试。但当曾我部和同伴们在招标会上获胜之后，拿着奖金到海外旅行了两个月，之后父亲就再也没说什么了。

和曾我部一起加入的还有三人。职员人数第一次突破了两位数。那年秋天，获得八代市立博物馆的项目。对伊东来说，这是第一个公共建筑。伊东事务所在1988年左右，以东建男和桑原立郎为组长，建立使事务所内的交流更顺畅的组织结构。八代市立博物馆以东和曾我部为中心进行设计。

在实施设计的总结阶段，曾我部记得伊东也曾迷茫过。让房檐更有生气一些会怎么样？一边是第一次建造公共建筑不能失败，另一边是更有生气的诱惑，在两者间犹豫不决。伊东在那个时候，在筱原一男的新年会上摔倒，右肩摔伤骨折入院，但是曾我部去探病的时候看到他用左手在画草图。

建造公共建筑很麻烦。要画的图很多。图需要画得很细腻。总之要花费很多时间。在实施设计的几个月里，曾我部基本都是睡在事务所里。当时，虽然事务所有上下铺的床，但是伊东说“以留宿为前提完成工作是不行的”，于是他就搬走了。

曾我部在事务所工作6年之后，组建了橘子组事务所。自己开事务所之后，才发现伊东非常有效率。橘子组只有建筑师4人，都是做同样工作的人聚在一起，事务所运营也是磕磕绊绊。和委托人讨论钱的问题也很让人头疼。伊东事务所早早就有了印刷负责人，还有专门负责职员的人事负责人。事务所总体运营能力很强。伊东并不是根据什么组织运营论来做的，只是直觉。

横沟真来伊东事务所打工的时候，看到同龄的曾我部充满干劲工作的样子感到有些焦躁。1988年，他拿着文件来事务所拜访的时候，已经在母校东京艺术大学做了四年助教。

那时正是泡沫经济，事务所回复“今年已经收了三个人了，你明年再来吧。”

但是没多久，就让他来帮忙制作为了银座展览会而做的模型。该项目是曾我部负责的。要在东京的大楼房顶上建造像蜘蛛网一样让浴室、健身房、餐厅等活动区域像是在空中浮着的模型，大小是两张榻榻米。

模型的工作结束之后横沟留在了事务所。但是还兼助手的工作，双重身份的生活很苦难。早上 10 点到晚上 10 点在事务所工作，之后大半夜骑自行车从青山赶回上野的学校。校门早就关了，他就像小偷似的翻越栅栏回到研究室，桌子上堆满了小山似的留言。准备这样那样的资料，复印这个那个，督促学生进行项目。到早上才回到家泡个澡，立刻又骑车去事务所。这样的生活持续了将近半年。

正式加入事务所是在八代市立博物馆的项目进行的时候。之后就负责在英国 Visions of Japan 展览展出的作品。在这个展览中，尝试用影像构成天花板、地板、墙壁。实际身处那个空间会给人没头没脑的感觉，让人觉得建筑并不是一定要有实体。

他也会去八代市养老院的建筑工地。此时已经进入了后泡沫经济时代。本来预定在东京临海卫星城举办的世界博览会，在 1995 年因为青岛幸男市长的决定而中止了。横沟本来就讨厌博览会，这下倒是松了口气。

横沟负责的长野县疗养所在进入建设阶段的时候，伊东说让他加入仙台媒体中心的小组。加入事务所已经 6 年了，他本来计划这个项目竣工之后就辞职。如果再和仙台媒体中心有牵扯，那不知道还要再工作多少年了。虽然很开心被伊东邀请，但他还是犹豫。后来因为认识的建筑师的建议他留了下来。

“对建筑师而言，都有属于各自的最好时代。在那个时候能参与到他的重要项目中去，会是日后巨大的财富。在那个项目中，包括构造和设备的相关人员都是很有才能的。”

那时候他已经结婚并且有了孩子，所以只能工作日留在工地。在开始建设铁柱的时候，伊东对分隔的评价是“太硬了啊”。本来设计的是轻柔的感觉。伊东为如何解决这个问题而烦恼。

但是，职员们要烦恼的却不只这个。弯弯曲曲的铁柱的熔接无法顺利进行。当热铁冷却的时候一扭曲长度就会改变。为了找到解决方法，承包商还和设计这边吵了起来。

有时候会从晚上 7 点开会开到次日早上 9 点半。这简直就是，你睡着了就输了的拉锯战。仙台媒体中心因为要实行新的运营方法，所以要和很多人商量。那时每一天都手忙脚乱。伊东好像决定了“既然硬的话那就按照硬的来”。

在仙台媒体中心竣工之后，横沟辞职了，名字也改成了横沟诚。2002 年，他获得了富弘美术馆开放招标的一等奖。至今，他还是会觉得自己在模仿伊东和职员之间的交流方式。

筱崎健一第一次见到伊东是在 1987 年，伊东来到他留学的苏黎世大学演讲。伊东事务所有他在东京工业大学的同学曾我部。伊东在演讲中讲的是关于日本的空间问题。以樱花树下聚集的人开头，在有人的地方圈起宽敞的一块地方，这就是建筑。还介绍了在大楼的房顶建造一个网络化的“地上 12 米的乐园”项目。

在演讲会之后，又一起参观了柯布西耶的学生会馆。筱崎说自己也还没有去看过，之后就被说“学习得还是不够啊。”在见面之前，筱崎觉得伊东应该是一个很了不起的老师，没想到这样的人会跟自己搭话。但也知道伊东现在正是像坐着火箭一样处于上升阶段。

1989 年，筱崎回到日本，研究生论文写得差不多的时候他决定加入事务所。那年新人有三人。在开会的时候，记得伊东说“今后的五年将会是非常开心的五年。”

事务所那时候有八代市立博物馆和多摩综合娱乐中心两个项目在进行。在参加多摩的项目之后，又为了在洛杉矶现代艺术美术馆（MOCA）举办的案例研究展览会而制作老年人住宅的方案。本来是由妹岛负责的，即使她辞职了，但还是来了，加上伊东，三个人一起开会。妹岛教了他很多跟伊东交流时要做的事情。

筱崎在那之后又负责了长冈音乐厅，但是那段时间腰疼使得他无法长时间坐在桌子前制作模型或者是画设计图。为了能让项目顺利进行，就必须要尽早画出草图，制作出模型。五年之后他就辞职了。

辞职之后，感到自己当时真的是在尖端的世界里，是用抽象的概念来看待建筑和城市。那个时候，就连晒着太阳悠哉地出去吃个饭都会觉得有罪恶感。现在他也会想要建造出可以让心更安定的空间。

2001 年，伊东联络他，问他要不要来西班牙的项目帮忙。4 月底，他和伊东来小镇托雷维耶哈参观建筑用地。计划在湖边建造度假设施。那个时候，筱崎觉得伊东和自己一样被自然所吸引。漂满浮游生物的粉色湖、周围生机盎然的植物、远处若隐若现的山峰，都影响着伊东。“真漂亮啊”，伊东赞叹道。以前的伊东是不会这么说的。到了夏天的时候，建造一个三层螺旋状的木质建筑的方案就诞生了。

古林丰彦从京都打电话给伊东事务所说想要去打工，是他在京都大学读研一的时候。毕业之前古林再次来到东京。在这期间八代市立博物馆建成了。古林直接找伊东面谈希望能加入。

20 世纪 90 年代前半期，事务所暂时没有什么大的项目。古林曾经一起学建筑的同学还有转行去银行的。第四年，古林加入了仙台媒体中心的建设组。这次是桑原和东两个组一起参加，对于事务所来说是下了血本的大项目。然而好不容易得来的一个大项目，古林却遇到了大失败。仙台媒体中心是为了迎合多媒体时代而建造的新型建筑，所以就连招标案公开审核的过程也很独特。公开审核是在 235 件投标案中选出最优秀的 3 件进入最终审查，接着被选出的 3 件作品的建筑师来参加面试。事务所可以说是准备万全。伊东让他去了仙台。

在公开审查的会场，在舞台上，评委矶崎新等人对作品进行评论。伊东事务所的方案因为准备周全，所以顺利入选前 3 名。伊东从画最初的草图开始，就对这个项目异常热衷。古林非常开心，也很骄傲。审查结束后，他和落选建筑师们一起出去喝酒。落选的建筑师可能心有不甘，开玩笑地对他说："来庆祝一下""今天不会让你回去"，结果古林就喝多了。

已经过了半夜 10 点。在已经喝醉了的古林耳边，传来了在东京的伊东雷霆大怒的消息。

不知道是谁向伊东报告了古林烂醉如泥的样子。在东京事务所的组长桑原和东、横沟也都觉得很扫兴。应该立刻回到东京做汇报才对。已经没有回东京的火车了，更重要的是他已经喝得不省人事了。

次日，古林坐最早的电车回到东京，在附近的理发店剃了一个光头。虽然不觉得能获得原谅，但是他实在是不知道除了弄一个让大家嘲笑的形象之外还能做什么。

"你这是变成天狗了吗？"

这之后古林也总是被骂。如果是因为设计不行被骂也是没办法的事情。但是这种关乎整组的工作，关系到需要大家坦诚交流的工作，这种错误是绝对不允许再犯的。

竹内申一在从东京艺术大学结束研究生课程之后，拿着学生时期的作品集来的时候，伊东回复说"总之现在是没有工作啊。"那是 1992 年，八代市立博物馆刚完成，距离仙台媒体中心的招标会中标还有一段时间。

过了一段时间之后竹内又打电话来询问，伊东亲自接了电话说"那就过来吧。"第二年春天竹内就加入事务所了。加入之后，立刻就有长冈音乐厅的招标会，长冈音乐厅中标之后，他作为最底层的职员参与到了项目中。

从那之后的伊东事务所进入了项目一个接一个的时期。长野县的大田区休养村设施、大分县的野津原町厅舍、岛根县的大社文化中心、大分县的农园等。建造了八代市立博物馆这种具有规模的公共设施，再加之它成为话题的这一事实，使得伊东作为建筑师的名气提高了。加之这个时期赢得了仙台媒体中心的招标会。

竹内在事务所工作了12年，从最底层的职员一直到松本市民艺术馆的项目负责人，他一直在积累经验。在这期间内，伊东所关心的也从“轻便透明”的建筑到“强力快乐”的建筑，之后又变成“具有素材感的实物”的建筑。

竹内觉得项目进展的方式也发生了变化。最初是从人的行动路线和功能配置来探索用什么样的模式，但是后来就变成了寻找能够和最终形态直接连接的方法，从最初就开始思考这个建筑的大形式和系统。但是，伊东初期的住宅作品“中野本町之家”和根特市文化广场有些像。其实伊东只不过是拿着最初对空间的想法，以不同的形式发展而已。

竹内在松本市民艺术馆竣工之后，于2005年离开公司。之后他在新加坡处理事务所的工作，并想要创立自己的设计事务所。他最初的委托人是叔父。叔母喜欢纯和风的住宅。虽然叔父非常相信他能够建造出他们所想要的，但是有实验癖好的自己到底能不能建出纯和风的住宅，他自己也是很头疼。

还是京都大学研究生的平田晃久，在杂志上看到了仙台媒体中心的获胜作品后受到了打击。用不是建筑的形式表现出了漂亮的建筑，他觉得这是可以在世界范围内通用的建筑。

研三的夏天，他通过研究室教授的介绍来到事务所进行面试，但是之后就音信全无。因有些担心于是他打电话问了下，结果被告知“现在没有空闲的位置了。”他觉得这次是没戏了，又接到电话说“请现在就过来。”交给他做仙台媒体中心的管的模型。

第二年，在毕业论文提交几天之后，他突然接到了电话“现在能尽快过来吗？”希望他能来参与纽约现代美术馆招标的工作。在几天之内他就从京都来到了东京。这之后的 8 年间，他一直都在伊东事务所。

平田在的这几年经历的项目，主要是构造和外壁一体化的，仙台媒体中心之后的多个实验建筑。最初的是樱上水 K 邸。这个建筑，不只是构造和外壁，就连窗框都在一体化的壁板上。这是他从大学接受的建筑教育的角度无法想象的建筑。在自己都不知道自己到底在做什么的那段时间，他觉得自己的生活就像是“猴子一样”。但是在到竣工为止的三年，他也会想可能做个建筑师也不错。

2001 年，包含雷姆·库哈斯的 OMA 事务所在内，多个设计、构造花园事务所参加的曼哈顿综合计划招标会对他来说是一次非常有趣的体验。这是他第一次到海外。虽然各家事务所的方针各不相同，但是不论是哪个事务所的工作人员以个人身份聊天的时候就可以看出来，大家想的都是一样的。虽然很头疼英语，但是只要画出草图就可以交流。

主动出击的库哈斯，等着人拿着东西过来然后再进行修改的伊东，这两个老板是完全不同的个性。给委托人提交的最终方案，是结合了各事务所考虑的要素，再自己把它们组合在一起。他和伊东考虑的不一样的地方也有很多，这是平田自我意识的萌芽。

最后觉得很不容易的是，表参道的 TOD'S 大楼。这是意大利人气品牌的旗舰店。建筑是以不规则的网状混凝土做外壁以及构造来支撑地上 7 层的建筑。这个实验性质的建筑位于潮流中心，表参道上的建筑到这里为止都没有什么问题，但是和委托人有争执的部分是考虑内部装饰的时候。建筑师的想法是从内部装饰也能够看到，但是委托人的想法是为了“卖”而找到最合适的方法，双方争执不下。

这已经是理论方面的差异了。委托人想让客人本能地走进来，让店内多些层次感，把很多素材用在局部，设置让客人走不出去的陷阱。因为看不清楚前面是什么，客人就会越来越深入。建筑理论对他们而言一点关系都没有。

看到委托人对自己的理论非常有自信，这让平田开始思考。“建筑师所考虑的东西，可能和其他人会有隔阂。”说不定可以把这种商业的思考方式加入到建筑之中。最后，伊东也想通了。

现在，他自己的研究课题是“看不到边的连续空间”。自 TOD'S 之后辞职出来的平田，最初的委托人是家人。虽然是在同一屋檐下，但是家人都看不到边的空间？“虽然大局上来看是充满希望的，但是短期内觉得很不安”。

看到同期入社的平田独立了，藤江稍微有些焦虑。“糟糕，被抢先一步了。”藤江时不时就会被伊东骂。最近是“稍微照顾一下年轻的职员”“你觉得为什么会让你跟着呢”年轻职员没有对建筑的尺寸感。即使能画出漂亮的图，但是做不好基础研究在这里是禁忌。而负责监督的就是藤江。在事务所五六年，从画图到去工地作为建筑师应该有的经验都经历过了，自己一直没有辞职，结果下面管理的年轻人越来越多。

1997 年，藤江加入事务所，之后加入大分县的农园组，有了常驻工地的经验。从工地回来之后，就负责了 UR 都市机构的东云 CANAL COURT。竣工之后，又加入了巴塞罗那国际展览会会场、办公楼等在西班牙的多个项目。回过神来，自己的手下已经有 14 名年轻职员了。

西班牙的项目，从家具设计到展览会场，数量实在是太多了，所以专门设立了一个房间。在距离伊东事务所步行几分钟路程的大楼四楼，有一个名为“西班牙村”的房间，而藤江就是这个“西班牙村”的“村长”。

藤江生于一个建筑世家。父亲藤江秀一长年稳坐矶崎工作室第二把交椅，叔母的工作也和室内装饰有关。生于建筑名门的藤江，虽然为了不被说“到了第二代就不行了”而一直绷紧了弦，但是其实并没有这个必要。他从入职开始就接受伊东的斯巴达式的管理。

这 9 年，伊东一直在不断变化着。老职员来到事务所之后，都会说“跟不上这种设计了”，可见改变之大。不墨守成规，他不断寻找新东西的势头令人敬佩。伊东的目标是建造快乐的建筑。在普通人看来可能是痴人说梦，但是伊东追求的就是这种超越常理的东西，这一点藤江非常清楚。学习建筑，首先就要超越印在骨子里的“现代主义”。

同时考上两所大学之后，“到底去哪个好呢”，泽村圭介找从小学开始就关系很好的同学名为小卷的女生商量。她父亲是建筑师。

“那么要不要来我家看看？”

“原来这就是建筑师的家啊。”

小卷的父母看起来都是很厉害的人。妈妈是 NHK 的制作人。爸爸一上来就给了他吉迪恩的《空间·时间·建筑》，还有柯布西耶和密斯的书。虽然拿回家读了，但是完全不明白写的是什么。进入东京理工大学建筑学专业之后，泽村问同班的同学，结果谁都没有听说过小卷的爸爸伊东丰雄的名字。

大三的时候，因为想要到建筑工地打工，于是拜托小卷来到了伊东事务所。在横滨东永谷地区的护理中心的施工工地，三个月里他一直帮忙作图面和模型。工作虽然很辛苦，但是每周都会和工人一起出去喝酒。工地负责人柳泽润成了他大哥。

和伊东事务所有关的瓜达拉哈拉现代美术馆、广岛的会议中心，都变成了悬而未决的项目。工作 3 年之后，他去了非洲。接受了日本驻坦桑尼亚大使馆在达累斯萨拉姆的公馆建设的工地监督助手的工作。这份工作最有魅力的地方就是报酬很高。接受外务省面试的时候，对方钦佩地说“哦，是伊东事务所的人啊。”

非洲的建设结束后，他收到了伊东事务所的邮件。“在西班牙有工作，你要不要来？”他把行李从达累斯萨拉姆送到了巴塞罗那。那之后的两年，他做了巴塞罗那国际展览会的工作，并学会了西班牙语。

1998 年，中山英之在新日本建筑家协会（JIA）主办的全国毕业设计竞赛中，以用防水性纤维加上拉链的连接组成风景画的构思获得了金奖。那是他第一次和作为评委的伊东见面。之后在东京艺术大学研究生毕业的时候，在某个宴会上再次遇到伊东，最终决定加入事务所。在加入的几年间，他和平田一起参加和铝相关的项目，但是中途加入了松本市民艺术馆的小组。连一次完整的住宅建筑的工作都没做过，他一下子就要进行一个整套的设计。基本设计、实施设计之后，又计算预算，然后进货，最后去建筑工地进行监督。

在施工工地，他被追着确认图面，基本没时间外出。有了问题就拿着笔记和留言出去，测量建材的尺寸等。最初他并没有意识到，但是建筑师的这些动作都被工地的工人们看在眼里。在工人之间好像有传闻，“中山看起来表情好像有点遗憾”。于是工人们也开始反思，自己的工作方式到底对不对。

承包商会向建筑工地派去工地监督人，一般情况下建筑师想要和工地联系只要和那个监督人说就可以了。但是，如果不局限于此，直接跟工人说“那个很好”或是“我希望这里可以这样”，可以做出图上表现不出的东西来。他意识到这些，是在建筑工期快要结束的时候。这在只要有台计算机就足够了的学生时代，是完全无法想象的经验。

现在，日本虽然有要把设计和工地监督分给不同公司管理的趋势，但是对于工作室负责的建筑，这是绝对不行的。不从最初到最后监督的话，建筑是无法完成的。

尽管这么投入，但却不懂松本市民艺术馆的乐趣在何处。在仙台媒体中心项目时，与不知道该如何做就重头考虑的原则不同，松本市民艺术馆的项目不断调整，在体力允许的范围内不断重复选择。而且还要尽可能拖延，一边和已经做好的部分比较，一边决定下一个的尺寸和建材。虽然最后建成了内行人可以接受的建筑，但是另一方面，对学生而言是完全看不懂的建筑。

伊东经常会说类似“豪华”“有品位”“典雅”这些建筑师不耻用的词。使用涂上颜色来区分空间这种禁忌的手段，从现代主义出发是无法想象的。但是，这样反而会有新鲜感。

2002 年，在负责伦敦海德公园的小建筑蛇形画廊时，三好隆之观摩了构造工程师塞西尔·巴尔蒙德和伊东的做事方法。巴尔蒙德作为知名构造工程师事务所的主人，本身就是一个构思的宝库。从他那里会引出怎样的对话呢？伊东应该就是中间的媒介。和看着建筑师草图来计算的构造工程师完全不同。对伊东来说，对话非常重要。

从最初的会议开始到完成只有四个月。从制造箱型建筑这个简单的命题出发，把想法构造出来就可能用于蛇形画廊中。因为和巴尔蒙德有关，所以出现了很多到目前为止伊东事务所都不曾用过的词汇。参与这个项目，三好觉得建筑本就应该是这样。

三好是在 2001 年加入事务所的。在这之前他作为文化厅艺术家在外研究员一直留在西班牙。进入事务所的理由是，这是一个探求建筑原理的建筑事务所，所以一定会有参加海外项目的机会。之后从巴塞罗那国际展览会项目的招标开始就参与其中，然后就作为项目负责人留在这里。

最近伊东事务所的建筑都非常麻烦。不再是近代工业生产化的建筑，而是寻求能触动人的意识的建筑，尝试新东西。这些对和建设相关的人来说也很重要。例如，钢筋工还有更多的建造技术。伊东事务所的建筑就是要把这些东西引导出来。

虽然话是这么说，但是建筑到最后还是要让使用的人开心才行。应该是“完成是先决条件”。蛇形画廊就是这样。能够建造出让双方满意的建筑就是最好的。

末光弘和有时会想，自己是不是已经变成了不会画直线的人了。他 2001 年加入事务所，在仙台媒体中心之前就通过杂志对伊东的建筑感兴趣。前辈们画的明明都是漂亮的直线，但是自己画的都是扭来扭去的曲线。

新加坡的购物中心怡丰城用了建筑界中禁忌的方法来决定外壁形状。在建筑模型外面贴上剪得很细的纸条，伊东说“再稍微弯曲一点”，职员们再进行调整。在混凝土表皮的塑造完全贴合之前，一直在重复这样的工作。“这样不就和弗兰克·盖里一样了吗？”

难道伊东没有任何理据这么做吗？末光产生这样的疑问。伊东是不是没有什么理论？只是追求视觉效果？盖里也是如此，像是艺术家一样，把自己画出来的东西建筑化。以前的伊东应该是追求现代主义的，但是现在只能说是按照自己画的来建造吧。

伊东笑着说：“也不是一定要这样才行”。

在末光看来，伊东和盖里的区别是，构造系统是不是在支撑建筑。空间是靠构造的合理性和整体性的一体化来创造的。再加上商业设施所需要的装饰性。但是，只要错一步就会变得和表现主义一样了。

在怡丰城之后，就要提交办公大楼的方案。他跟平时一样画的是扭扭曲曲的草图，结果就被伊东骂了。“这个大楼不是表现型的”。五年来，这是末光第一次开始画直线。

在福冈 Isand City 中央公园主建筑的建筑工地，可以看到工地的工作人员都拿着笔记本电脑，筱崎弘之有了“对于这个项目，大家真的都是在摸黑前进啊”这样的感叹。2002 年春加入事务所的筱崎，一直参与这个项目。

不论是哪里，这个建筑物中是不存在平面和直线的。用混凝土建造这样的建筑，就需要把平面细分成很多小平面，然后再用平板做出模板。这里需要 8000 张图。如果是简单的模板，承包公司和施工公司只要在办公室里画图就可以了，但是这个永远都是绵延曲面的设施，复杂到工作人员必须要到工地边看边做才行。

按照以往的工作方式无法处理这个项目。无论是谁都希望可以跳出平时的工作，迎接新挑战。筱崎每天都能看到工人们从笔记本中把图打印出来，然后拿到工地，拿起锯和锤子开始制造模板。进展到某种程度的时候，工人们就开始加快速度。看起来很麻烦，但反而觉得很有趣。

从最初到最后全都是新东西，但还是会觉得一直是在伊东手掌上跳舞一样。伊东可以同时考虑很多事情。但是筱崎会钻进一件事中，顾不上考虑别的事情。伊东会立刻指出这个问题。当有困难的时候伊东会站出来指引方向。

智利：圣地亚哥的马贝拉

2005年1月15日下午3点，伊东在可以看到大海的阳台上睡午觉。阳台下方的大海属于太平洋，是南半球的海洋。这里是距离智利的首都圣地亚哥以西4小时车程的度假海岸马贝拉。

伊东在1月12日开始，因为新住宅设计的会议、展览会、演讲来到圣地亚哥。今天再次去建筑用地视察过之后，来到委托人的别墅吃午饭，然后在这里休息。

他穿着自己中意的那件印着奇怪老头的衬衣、黑裤子、普拉达的运动鞋、黑底上有绿色水珠的袜子。接待他的圣地亚哥年轻建筑师阿尔丰斯觉得这个搭配非常有趣，还用相机记录了下来。

20世纪90年代之后，伊东的工作侧重于法国、西班牙、意大利、新加坡、瑞士、比利时和美国。即使在日本，他也忙着在日本各岛来回跑，加上南美的项目，这几年忙得他连思考的时间都没有。

讽刺的是，建筑师的成功和建筑师个人的体力没有关系。一般白领在退休之后，去到哪里都是拖着沉重的身体。当然，建筑师只不过是装作看起来很轻松。

伊东从睁着眼到睡着可以完全不被人发现。他说："我没有错，错的是使这个会议变得无聊的人。"这天，午饭的时候他喝了几杯红酒，晃晃悠悠来到阳台看海，下一秒已经在阳台的长椅上睡着了。

伊东坐了30个小时的飞机，1月12日到了圣地亚哥。到达的晚上，就参加了这家家具商店的主人爱德阿鲁德·歌德伊为他举办的欢迎会。在对面咖啡厅喝饮料的人们都意味深长地看着这边热闹的宴会。

歌德伊说，名为“Ocho al Cubo”的项目正在进行中，西班牙语中是“8的三次方”，意思是八位设计师分为三组进行住宅设计。建筑用地就在圣地亚哥市民中人气很高的观光地马贝拉。第一阶段的8间住宅是智利建筑师设计的，目前正在建设。伊东作为海外的八位建筑师之一参与第二阶段的建设。伊东这次好像还邀请了之前设计长椅的意大利家具制造商“HROM”。

欢迎会上都是圣地亚哥中和建筑设计相关的人员。作为会场的家具商店，已经购入伊东设计的书柜“仙台”。

伊东和大家打招呼：“年轻的时候我像僧侣似的专注工作，但是现在在与人交往的同时，还能做出让自己吃惊的作品。这很有趣。”

第二天一早，他就在宾馆的会议室和当地的建筑师克里斯蒂安·德·格鲁提进行商谈。德·格鲁提是智利建筑界的重量级人物。但是在和伊东商谈的时候就像是和校长面谈的小学生一样，非常有礼貌，还略显拘谨地把双手放在膝盖上。他们谈论了构造和设备的工程要如何进行。德·格鲁提说，别墅需要有酒窖和泳池，也需要高尔夫球场。伊东说，希望用白色混凝土，不只是细节而是空间自身就让人感觉豪华。

伊东在接受智利的杂志CASAS的访问时，是这样对住宅设计进行说明的：“年轻的时候，只有设计一些小住宅的工作。但是最近都是大项目，设计住宅的机会反而少了。大概两年有一次机会吧。但是住宅的工作反而让我觉得松了一口气，很开心。”

大型项目需要强大的战斗力，住宅就可以享受乐趣。而且还可以设计南美这边的居民意想不到的住宅。

建筑用地位于和高尔夫场相邻的稍微倾斜的土地上，对面就是德·格鲁提设计的住宅，已经开始建设了。伊东也开始画自己的设计图。

在设计图中，四方形的外围包含着中庭，通过不规则的圆形玻璃帷幕相隔。客厅、餐厅、卧室等地围绕在庭院周围。一般来说，卧室应该在家

house in Santiago, CHILE
kitchen
preparation room
cloak
+105.2

的最里面，但是伊东的方案把卧室设置在眼界开阔的地方。德·格鲁提觉得这样很好。

商议结束之后，他就坐着阿尔丰斯的车向一个位于圣地亚哥山丘上的大学进发。阿尔丰斯是委托人歌德伊的“8的三次方”项目的负责人。

阿尔丰斯曾经在日本住过几个月，用不熟练的日语跟伊东进行交流。歌德伊公司的职员米格尔也同行。路上放的音乐是智利当地的音乐。

这个大学是智利的建筑师候瑟·库洛斯设计的，库洛斯在大学门口迎接伊东。大学的外观也带有库洛斯的风格。库洛斯向伊东介绍面向山丘的长排建筑。令人惊讶的是，里面的部分就好像是章鱼一样，触手伸向各个方向，占领着建筑的中心。斜面的设置应该是为了连接不同楼层的不同地点。

进入校长室之后，可以看到里面挂着雷姆·库哈斯设计的“波尔多自宅”的照片。这个大学虽然不是建筑大学，但是校长看起来应该是建筑的粉丝。校长说：“虽然学生不是世界第一，但是请了很多世界一流的建筑师来做演讲。”

站在外面可以看到远处圣地亚哥市内的样子。伊东今天的打扮是南美洲农夫装，他穿着 Comme des Garcons 的条纹衬衣和白色裤子，还有和衬衣颜色一样的运动鞋。伊东站在两位拉丁帅哥中间，以此为背景拍了纪念照。

在以建筑系闻名的 UDP 大学， 建筑师马蒂亚斯·克鲁斯在等伊东共进午餐。他是 UDP 大学建筑学院的院长，除他之外还有其他两位教授。位于圣地亚哥旧城区的 UDP 大学的建筑，是为了 19 世纪时智利某位贵族而建造的，厚重的木制墙板上泛着深麦芽色，抬头看天花板，可以看到阳光透过精致的彩色玻璃天窗照射进来。会议室里，有两位服务人员在桌子上摆上香槟和三明治。

据说智利有 32 所建筑学校，所以建筑师很多。虽然 UDP 是私立大学，但是发行了学校债券，用资金买下街上的古建筑，然后让 40 岁以下的年轻教授改造，建造了几栋校舍。这样的资金运作在智利也是初次尝试。据说其目的是在普通市民可以接触的地方建造校园。

克鲁斯参与过两栋建筑，午餐之后去参观。中庭有一栋建筑贴满瓷砖，就好像是浴室一样，从中庭通往地下一楼是牙医培训学校，可是不论走在哪儿都没有在室内的感觉。

下午 4 点，伊东为了准备家具展览会“Toyo Ito Made In Italy”而前往国立美术馆。这个展览会是 UDP 大学和国立美术馆共同主办的，由马尔逊的女儿艾丽卡和策划了 2001 年威尼斯建筑双年展负责伊东展览的罗伦兹・马鲁凯特共同策划。主旨是把伊东除了建筑以外的作品，尤其是在意大利制作的作品齐聚一堂。开幕式在今晚伊东的演讲会之前。

国立美术馆的二楼展示厅是这次展览会的会场。在展示厅中建造了长方体的空间，将家具和艺术品摆放其中。走进去好像是走进某个起居室一样，有种让人想休息的感觉。在长方形的墙面上，有镂空的 TOD’S 大楼外墙用到的树木图案，光线透过树枝间镶嵌的半透明树脂板，形成对比，在长方体展示区外，还有“涟漪”长椅，墙壁上投映的是伊东的作品影片。

展示物有长椅、椅子、橱柜、书柜、电灯、餐具等。虽然大小和形状都不一样，但是星星点点遍布在室内。制作的时期也不同。HROM 公司的橱柜、书柜年代不详，以金属钢片制作的“wuki&suki”长椅和“银色小屋”“风之塔”是同一时代，1980 年由 Driade 公司制作。造型独特，但素材冰冷的触感让人受不了。据说，这在当时也是“抢手货”。

在宾馆接受杂志社的访问之后，伊东稍作休息，就又回到国立美术馆准备演讲。7 点之前就聚集了不少人。国立美术馆是由钢骨支撑的巨大的玻璃顶覆盖的空间，几对女神像作为支柱，是具有艺术感并融入古典风格的建筑。

这次伊东的演讲，就好像仙台媒体中心以前的蛇形画廊、TOD'S 大厦、托雷维耶哈市的贝壳、福冈 Isand City、根特市文化广场等不存在似的。对伊东而言自己的历史轨迹如何都好，只是叙述自己现在想说、现在所想的。

“通过仙台媒体中心，我变得自由了。感觉之前的自己一直畏首畏尾。”

在仙台媒体中心之后，和构造工程合体的实验性质的项目具有有机形态的风景的建筑陆续跟大家见面，最后又以人的咽喉图做总结。“人的嘴下面就是喉咙然后到胃，再之后……”

“内部就是外部！”

之前的核心问题的后续。

坐在舞台前面地板上的年轻人中，有觉得无聊的人，有相互对视的人，还有偷笑的人。但是伊东本人在拼命对他们解释什么是管，为什么要用管来建造建筑。

演讲在掌声如潮中结束了。伊东用幻灯片给大家看建筑的图像，自我生成的形式、漩涡的状态、波浪的地形……在观众中引起了极大的反响。

1月14日，伊东再次坐上阿尔丰斯的车。前一晚演讲会之后，在德·格鲁提的家里举行了宴会。建筑师在南美似乎是属于中产阶层，德·格鲁提的住处也是富丽堂皇。晚饭从9点左右开始，宴会过了半夜也没结束。但是即使如此，伊东第二天依然早起。

圣地亚哥到马贝拉车程为4小时，按照预定计划去查看建筑用地。车上有艾丽卡、马尔逊。另一辆车上有其他几位建筑师，委托人歌德伊又在另外一辆车上，早上大家一起都向马贝拉出发。

在去马贝拉的途中，去看了圣地亚哥郊外的本笃会派的教堂。1964年建造的这座教堂虽然很小，但是是可以写入智利建筑史的名作。进入厚重的红砖建造的建筑内部时，有一个看起来超过90岁的神父出来进行介绍。

这个教堂所有要素都像资料记载的那样。每一个设计都有独特含义。首先，在入口处的左边，缓坡的尽头有一尊圣母玛利亚的雕像。在玛利亚雕像的前面，转向右边就可以看到祭坛。玛利亚位于众神和人之间。望向地板，从入口处到玛利亚雕像的位置有沟壑，在玛利亚雕像面前又有别的沟壑通向

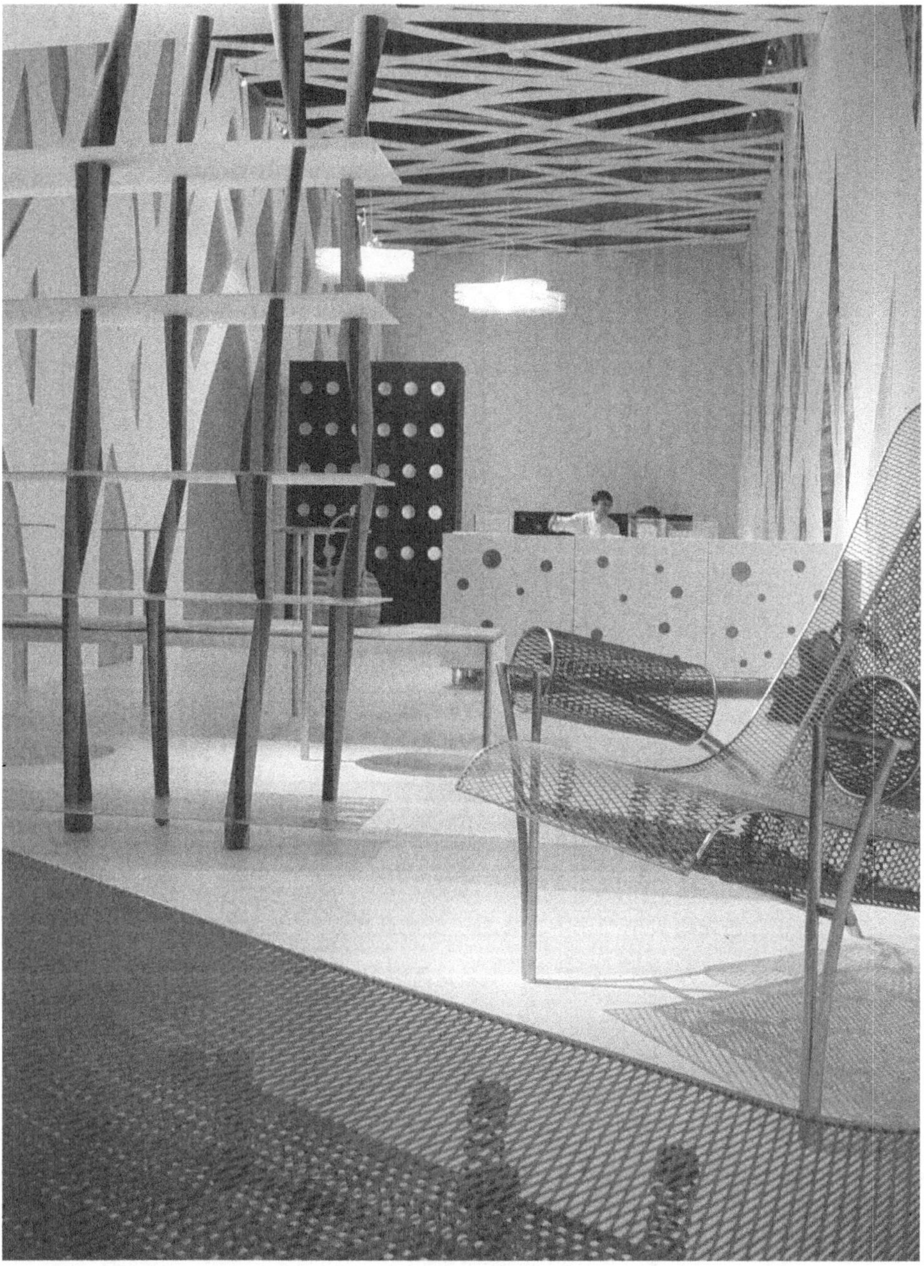

Henri Cartier-Bresson
ANDRÓMACO

祭坛。虽然祭坛的十字架代表了死亡的意思，沟壑代表另一个世界的光，延伸到钟意味着复活。

设计这个教堂的两位建筑师，后来好像也成为神父。大家向神父道谢之后走出教堂。马尔逊捐赠了善款。

傍晚，大家到了建筑用地。这个马贝拉观光地拥有湛蓝的海。别墅住宅区、租赁公寓排列在这狭窄的地方。

避开这些地方，高尔夫球场的旁边就是建筑用地。智利建筑师设计的项目“8 的三次方”的第一阶段中的 8 间，已经有 4 间建完了墙壁和天花板，已经可以看到家的样子了。划分给伊东的区域，已经用白线标记出来。倾斜的建筑地的背后是防沙林，一排第一阶段的住宅前是高尔夫球场，再往前还能看到山。视野开阔，位置很好。

伊东一边看着从东京拿来的图纸，一边在白线内侧来回踱步。地面的沙子就像是沙漏里面的沙子一样细，脚好像要陷进去。他应该是在规划起居室和餐厅的顺序，还有空间的大小，他在各处站立，抬头看看四周，之后又低头看图纸，就这样循环往复。

之后，来到歌德伊的公寓吃晚饭。歌德伊夫妻的一位朋友亲自下厨准备了智利料理。智利的酪梨最好吃。这位下厨的男性推荐，在法国面包上涂上柔软的酪梨，再撒上柠檬汁和盐，作为开胃菜来吃。伊东一边说“好吃”一边往嘴里塞。

委托人歌德伊以前是化学工程师。20 世纪 70 年代初期，因为工作的原因来到比利时，在那里买了公寓，但是却找不到好家具。之后，家具就成了他的兴趣。几年后他就创建了室内设计的家具商店。店铺在圣地亚哥的中心商业区，聚集了世界上设计优秀的家具。

这个项目会开展，是因为家具贩卖已经不能满足他。歌德伊说自己曾经多次犯过心脏病。因为这个项目，令他更加繁忙了。

第一阶段的 8 间建筑，八位建筑师中，有四位是年轻建筑师。第二阶段是包括伊东在内的八位建筑师，第三阶段是混合。第一阶段的 8 间建筑中，已经有 4 间出售了。购买者是歌德伊的朋友和相关人员。歌德伊说，已经有人注意伊东设计的住宅了，自己也已经买了年轻建筑师斯密里安・拉德切设计的建筑。候瑟・库洛斯设计的住宅也被来往于伦敦和圣地亚哥的英国年轻投资家买下了。

晚饭后，变成了交换礼物大会。在桌子旁边的有歌德伊、歌德伊的妻子，智利建筑界的名人克里斯蒂安・德・格鲁提、歌德伊的小姨子一家、“Toyo Ito Made In Italy”的策划人艾丽卡和罗伦兹、艾丽卡的父亲马尔逊、阿尔丰斯。

伊东带来的礼物是东京的纺织店“布”制做的白色围巾。这是把伊东数年前参与设计的蛇形画廊外壁构造的模型直接转换成纺织品的东西。伊东自己从东京挑选了手工制造的项链送给艾丽卡。大家给伊东的礼物是红酒。歌德伊把两瓶智利红酒装在盒子里，不管怎么看都是南美的审美，德・格鲁提送的也是最高级的红酒。喜欢红酒的伊东很开心。

第二天早上，伊东和歌德伊一早就去打高尔夫球，穿着打高尔夫球的衣服来看建筑用地。据说旁边的区域也要变成建筑用地，因此现在这片区域从卧室和起居室向外看的视线会被遮挡，还好旁边建筑地的设计还没有进展。

为了施工需要来看新用地需要多少土，歌德伊说这个建筑用地还可以再垫高。好像是伊东希望建筑用地应该再高一些。这片区域虽然没有画白线，但是伊东在这什么都没有的土地上像昨天一样走来走去，从视野良好的各个地方眺望高尔夫球场。

昨天在已经建好的 4 间房子里面参观，今天又来到正在施工的住宅参观。在混凝土墙壁中埋进石板的工程，还有用很窄的木板代替混凝土，伊东很佩服。

参加项目的年轻建筑师拉德切和女建筑师色切丽尔・普卡也来了。他们和伊东交换了一些施工方法上的意见。

之后，一行人又来参观在马贝拉附近的几座别墅。在阿尔丰斯的车中，坐着歌德伊、拉德切，还有伊东。

有的房子位于倾斜道路的下方，经过长桥可以到达。还有的房子有几道厚重的粉色墙壁，从山头上方看起来像是字谜游戏一样。拉德切设计的别墅正在建设中，虽然是周六，但还是有一名工人在搬运土。结果这个被认为是工人的人正是委托人，经营着矿山路线大巴公司。他已经预定购买伊东设计的“涟漪”和床头柜，大家立刻就熟络起来，围着伊东拍纪念照片。

在车里，伊东问了拉德切关于智利建筑师各时代的问题。格鲁提他们的时代是近代主义，克罗兹他们是自然和建筑对峙的时代。克罗兹是拉德切的老师。拉德切的时代是在技术性很高的建筑中加入自然。

接着伊东被问关于日本建筑师的各时代的问题。伊东把从丹下健三之后分为五个时代。丹下之后是伊东的恩师菊竹清训和矶崎新的时代，之后是自己和安藤忠雄的时代，再往下是隈研吾、妹岛和世、坂茂等的人时代，再之后是西泽大良和西泽立卫等人的时代。

回到歌德伊的休闲公寓吃过午饭之后，又喝了几杯智利红酒的伊东，加上出远门的疲倦，他躺在长椅上露出了困意，不知道什么时候就睡着了。伊东瞬间睡着的功力不分国境。去机场之前还有几个小时。大家也想着让他安静一下。

东京 9：接待法国人、前往群马

2005 年 3 月 30 日下午 5 点，在东京表参道的路上，一群法国建筑师在等着伊东。他们来参观 TOD'S 大厦。建筑师们是因为参加法国建筑师协会主办的项目而来日本的，伊东亲自介绍 TOD'S 大厦。

TOD'S 大厦的外形看起来像是用表参道上的榉树的树枝折下来进行建造的。这个构造本身也是大厦的墙面。树枝纠缠在一起，也就是呈网状的混凝土，开口部镶入的是玻璃。一般来说在墙壁和窗户之间应该是凹凸不平的，但是这里是平滑的，远看就好像是用计算机动画技术做出来的超现实的玻璃盒子一样。

40 个人的团队坐着直梯来到了六楼，六楼既没有分区也没有日常用具。这里为了举办时装秀和宴会保持空无一物的状态。可能是因为东京是阴天的缘故，白色树枝的墙壁上起了晕影，感觉像是置身在起雾的白色森林中。这些法国人在从没见过的风景中无法移动脚步。

这些法国人是来自法国各地从事住宅和学习设计的建筑师群体，他们没想到会一下子置身在这样一个空间中。之后，他们就分散开自由参观。

难得穿一身西装的伊东开始进行说明。应该刚结束熊本艺术城的会议。灰色西装配上了粉色领带，对 Comme des Garcons 品牌，伊东觉得比起男装，女装更有趣，不论是粉色还是红色，他对各个颜色都有涉猎。关于墙壁的处理，伊东又加入了说明，对制作混凝土模型的复杂过程进行解说，法国人都竖起耳朵听着。

之后去了七楼，这里是 VIP 房间，是在屋顶上设计阁楼的构造。屋顶上有玻璃屋，可以看到外面的日本风庭院。伊东说，这个庭院以及室内的摆

北青山病院
入口
乙女美容院
P

设都不是他设计的。法国人提了几个问题。

“这个建筑物，越是靠近就越来越平，看起来很抽象。这是有意的吗？”

“没有刻意突出这一点，连我自己也惊讶。由于使用了树木，如果不抽象，就无趣了。”

“你在具体的东西中寻求建筑形式的起源吗？”

“我最近这些年，对于密斯之后纯建筑的可能性抱有疑问，寻找着其他方向。”

“和之前的工作有所不同吗？”

“到仙台媒体中心为止，寻求的都是轻巧透明的纯建筑，但是那之后的方向可以说稍微有些偏差了。有了仙台媒体中心的管的经验，开始觉得，强力的东西也是可以的，不透明也没关系。”

“材料质地在不断升华，这其中有什么意义吗？”

对于形状化、抽象化、构造这些都统合在一起的建筑，这是非常合适的问题。

“这是有非常巨大的意义的。到 10 年前为止，可以有这样的设计，构造工程师会把三角形等简单的几何做计算之后得出结论。但是现在，把我们画的木头电子化之后，判断哪里不合适，然后只改不合适的地方。也就是说，不再从‘应该是这样’的角度出发。到目前为止，都是构造工程师判断这个建筑这样建造是最好的，但是现在不再是这样了。我们作为建筑师应该根据怎样的规则来考虑呢？我现在正在探索这个。”

在回答完问题之后，伊东就和法国建筑师们沿着表参道里面的小街，向着步行只有几分钟路程的事务所走去。不知道是谁忘了关上阁楼的玻璃窗，伊东在关上之后急急地跑上大家乘坐的电梯。在这个 TOD'S 的屋顶，可以看到已故的丹下健三设计的名作，代代木奥林匹克竞技场。

4 月 2 日，伊东穿着毛衣，一副轻松的模样，从东京站坐上了去高崎的

新干线。建筑师高桥光一、山本理显、隈研吾、早稻田大学教授中川武、工程公司的金田充弘也同行。正值群马县势多郡的富弘美术馆竣工之际，他们要去看那个建筑。伊东、山本、隈、中川同为 2002 年召开的招标会的评委，高桥设计了群马的县立馆林美术馆，觉得建设中的富弘美术馆很有趣，所以会经常往那边跑。

富弘美术馆是展览因颈椎受损手脚不便的星野富弘，用嘴叼着笔画出的水彩和诗的作品的地方，是东村的标志。这个村虽然只有 3000 人左右，但是富弘美术馆每年都要接待 40 万人。因为有狂热的粉丝，加上这个地方位于东京到日光和足尾铜山的观光路径上，所以非常有人气。

在高崎站接伊东一行的是横沟诚。他既是赢得招标会设计这个建筑的建筑师，也是伊东事务所的前职员。大家乘车向美术馆进发。建筑周围好像正在进行植物的栽种。

这个美术馆从上面看是正方形的，但是内部却有很多球形，那是大小圆形的房间。和现代美术馆公式化的“白色积木”相反，脱离“把事象平均化、抽象化、统一的无意义表现”，打造了这座美术馆。各个圆形房间中有不同装饰，从一个房间走到另一个房间，会给参观者一种“目眩”的感觉。

这些建筑师也一样。从建筑中心的大厅到青色的房间，再到粉色的房间，接着是镜子的房间，木纹的玻璃、水珠的玻璃、加入了树叶图案的玻璃等，看到这些就更期待下一个是什么。

“这个是怎么做的？”每次进人新房间隈研吾都会问横沟内装素材的处理方法，然后就会凑到横沟的身边进行交流。比如青色的房间，在墙壁、天花板、地板上都贴了细碎的玻璃片。高桥大声感叹着“哎呀，真有趣。就这样继续做下去就好了。”被高桥和隈夹在中间的伊东和山本极度安静地各自在角落的方向上看着。

午饭就在美术馆的咖啡店里吃，8 种自制蜂蜜、自制面包、自制黄油，然后还有水和咖啡，这也真是豪华的菜单了。横沟认识的“Eat&Art Taro”设计了咖啡店的菜单。高桥感叹道：“真好啊，这样的食物真是什么时候都想吃到啊。”

从道路另一侧的山丘眺望美术馆，日落的时候踏上了归途。电车中伊东、山本、限坐在包厢中。大家一起喝啤酒，吃小吃。大家喝着酒，交换着对富弘美术馆的看法。

伊东的想法是：“小伎俩用得太多了。玻璃叶子之类的。还年轻，应该多强调建筑的力量。表现得太过了。”

大地震

2011年3月11日下午2点46分，东日本大地震。那时伊东正在东京青山的事务所和职员开会。3月12日，为了仙台媒体中心开幕10周年纪念，他要去仙台。

虽然东京地震是家常便饭，但是这次不同。他立刻打开电视。但是，信号不好没有办法看电视，他立刻向外面跑去，其他职员也陆续出来。

之后还有3次余震。电视上开始播放海啸的画面。知道了震源是三陆冲。海啸画面的巨大冲击力，让大家都忘了自己是“建筑师”。

和仙台媒体中心取得联系，已经是第二天了。询问副馆长佐藤泰现在的情况。七楼的天花板有一部分陷落，面向路面的玻璃墙面内侧有一部分开裂。细小裂纹随处可见。图书馆书架上的书一下都飞了出来，地板变成了书的海洋……虽然伊东也想早点过去，但是交通处于瘫痪状态，什么也做不了。

那时，一名摄影师正好在仙台媒体中心的七楼，他把拍摄的视频上传到了视频网站。大家都钻到了桌子底下，周围是带轮子的摆放宣传册的架子暴走，玻璃门猛烈地开开关关，还有很多其他东西飞起来又落下去，摔碎在地上。但是，3分钟左右的视频中，摄像头一直捕捉白色天花板的图像。圆形吊顶天花板一直在晃动。不知道什么撞都了墙上，还有石灰的碎片落下来。一起录进去的还有不知道谁的祈祷，“千万别塌啊。”传递出内心的不安。

东北新干线重开两周后，事务所的职员终于能去仙台媒体中心了。一周之后，伊东从巴黎出差回来去了那里。值得庆幸的是，地震时在馆内没有人受伤，但是天花板有一部分掉落，这对于伊东来说是个打击。仙台媒体中心的招标会正好在阪神淡路大地震之后，对于耐震这方面已经非常注意了。这只能说是建筑师的责任。

伊东在震后一周，以《给仙台媒体中心的大家的信》为题，写了一封给所有职员的信。“构造上虽然基本没有受损，经过了大地震的考验，但是玻璃有部分破损，七楼天花板一部分掉落，还有从书架上飞出来散落一地的书籍，看到这些，深感我们能力不足。特别是用在天花板上的材料，这一部分我们平时都不怎么注意，理所当然地认为不会有问题，于是留下了隐患，这是给我们的教训。”为了已经成为仙台市民“心之所在”的仙台媒体中心重开，做了这样的动员：“虽然我知道你们都处于身心俱疲的状态，但是希望大家可以鼓起勇气怀着骄傲的心，直面这次困难。”

因为要做大地震的善后工作，所以从第二天就暂时关门的仙台媒体中心，重开已经是 5 月 3 日了。在这之前一直作为仙台文化沙龙的仙台媒体中心，在灾后更应该作为“为了社会而存在的沙龙”早日重开。来这里可能会遇到某些人，来这里可能会获得某些信息。但是，虽然作为公共建筑已经算是加紧复原，不过还是要比街上的咖啡馆重开的时间晚了很多。

5 月 4 日伊东再次来访的时候，一楼没有放置桌子和椅子，职员也全部都到了二楼，代替图书馆的移动书架也在这里。人们聚在这里，可以感到仙台媒体中心还是发挥了一定作用。5 月 5 日，作为在仙台媒体中心召开的“走出来”的主题活动的一环，伊东和东北大学工学部教授小野田泰明进行了演讲。还记得那时在听讲的人群中，很多东北大学的大学生有着异样的热情。“非常想做点什么去帮助受灾的群众，但是又不知道怎么做。”这是学生们焦虑的地方。

“总之希望你们先到灾区去，和当地人谈话。”这是伊东对学生们的回答。伊东不论在哪个项目中都会将“与当地人交流”作为必做事宜提醒职员和学生，但是没有哪一次像这次一样具有如此重要的意义。

“不再说，想要建造这样的建筑，或是想要做这种构造的实验，就连建造人们聚集的场所，也不能轻易说出来了。现在发生的事情已经超过了这种状态。”

在灾后电车停运的东京，晚上从城市中心踏上漫漫回家路的人们萌发出了某种共同的意识。受灾的人们现在要怎样重建家园，希望学生自己去询问，这就是伊东给出的建议。

专业的建筑师大地震之后到底应该怎样做呢？这一点伊东也不是很清楚。伊东在大地震几周后和 5 名建筑师一起组成了一个名为“归心会”的小团体。成员除了伊东之外，还有山本理显、内藤广、隈研吾、妹岛和世。“归心会”第一次在东京召开的“地震复兴研讨会”受到批判。

“聚集了这些人，结果最后只得出这样的议论吗？”

“建筑师在和行政相关的领域，也只不过是外行而已。”

归心会的成员也说：“建筑师被疏远，可能是因为大家都认为建筑师只是一些只考虑自己的人而已。”

虽然内心都希望能做些什么，但是却不知从何入手。他们也没有灾区的工作委托。大地震让建筑师们深切感受到，到目前为止，建筑师这个职业是多么被动，又是怎样把自己关在“自己”的表现的框中。

一年之后，在岩手县陆前高田的山丘上进行野外会议的伊东，找到了一个作为建筑师才能做到的事情的答案。“大家的家园”最初是在仙台市宫城野区建造的，为了让在临时住宅的居民可以轻松快乐地集会准备的场所，但是它的意义绝对不止这些。

第一，由建筑师设计可以给大家安心感。虽然国家会给灾民在临时建筑中设置厨房和浴室，微波炉还有电视，但是这是统一安排给灾民的，其中没有多少温情。踏入其中，根据场所不同会产生一些差别。但是，建筑师可以一个一个仔细设计。

第二，就算每个地方都很小，“大家的家园”可以在各地灾区建设，这里可以变为由居民主导的灾后重建的场所。伊东参与的“大家的家园”在仙台市完成之后，又在岩手县釜石市的商业街建造。归心会的成员山本理显在釜石市，平田、妹岛和世在宫城县东松岛市建造。陆前高田市的“大家的家园”是由干久美子、平田晃久、藤本壮介共同设计的。即使只有一个家具和长凳，只要可以聚集人进行交流，那里就可以称之为“大家的家园”。伊东觉得，如果可以建成 100 个“大家的家园”，那可能会产生很大的影响。

“大家的家园”和以往的由委托人委托的工作不同。到目前为止，都是委托人委托建筑师工作。但是，“大家的家园”如果只是被动等待是无法实现的。建筑师自己主动和居民聊天，根据情况调度资金。到目前为止都是被动等待工作的建筑师，这次自己主动开始行动。如果不这样，那么就无法完成自己想要的东西。

地震之后，很多建筑师都以不同的形式投身到灾后重建中来。

全国的建筑师组织 ArchiAid，以大学研究室为单位，在石卷市牡鹿半岛的 30 个海岸，以人类学的方式观察当地人的生活，听取他们的意见，进行绘图，然后再向相关部门提议。这个活动也并不是政府部门委托他们的。

陆前高田 2

伊东自 2011 年起，去了岩手县 30 次了。目的地是釜石和陆前高田。在釜石市，他担任灾后重建顾问。去陆前高田的那一天，他在东京站乘坐早上 7 点开往一之关的东北新干线，之后再乘坐职员开的租赁汽车来到东北的海岸。当初东北新干线还没有全面开通，即使到现在当地的渡轮线也没有开通，汽车是唯一的交通工具。

陆前高田的“大家的家园”也几乎和政府无关，全靠“个人”之间的联系实现。契机是，伊东担任 2012 年威尼斯建筑双年展的日本馆负责人，被指名参加招标会。1956 年，由吉阪隆正设计的日本馆完工，有很多对日本特色建筑有兴趣的人前来参观。

伊东在成为负责人之时，为了呈现东日本大地震让建筑师直面的课题，想要展示“大家的家园”。提出的题目是“在这里，建筑是可能的吗？”因为地震，建筑师所依靠的个人性和表现性变得一点意义都没有了。但是，没有了这些还能算是建筑师吗？伊东在那个时候是这样说的：“建筑的艺术性是什么？建筑的形式性是什么？建筑的功能性是什么？希望能修正这三个问题。”本来是打算给大家看三位年轻建筑师共同设计的“大家的家园”的工程的，但是现在还没确定建在哪里。

启发伊东提出这个提案的是摄影师 山直哉。 山拍摄的灾后的陆前高田的照片被刊登在《日经新闻》上，伊东看到了那张照片。

山拍摄下了伊东在设计仙台媒体中心时，铁的构造体慢慢变成建筑的过程。照片主要表现的是，在将物质的东西转换成场所和空间的过程中，时间是流动的。但是， 山拍摄的陆前高田的照片，却只有土地被地震和海啸袭击过后的残骸。他的老房子和母亲都不在了。伊东对 山说，想要把那张照片用在招标会上，在获选成为负责人之后，又把 山编入了三位建筑师的小组中。对 山来说，基本上算是事后承诺。但是， 山觉得，陆前高田能够成为新建筑想法的诞生地，那也是好的。

山不久后就向陆前高田的市长引荐了伊东。 山和市长见面是在震后，当来自陆前高田的人在东京聚会时。 山、伊东、乾、平田、藤本 5 人去陆前高田拜访市长。市长向他们介绍了菅原美纪子。

菅原 50 岁，本来是开地板店的。东日本大地震的时候失去了母亲和姐姐。自己现在也住在临时灾民的住所中。但是，在被海啸卷走的儿子活着回来之后，就开始为灾后重建而努力。菅原搭建了“元气屋”的帐篷，举办烧烤会让大家充满干劲，为了增加当地妇女的收入，收购他们用腈纶编制的刷子。

以了解灾区情况的菅原为中心，陆前高田的“大家的家园”开始实施。在市长把菅原介绍给伊东他们的时候，接力棒就交到了居民和建筑师手上。本来预定是建在菅原居住的临时住宅区，但是后来菅原找到了其他建筑用地。在一个可以看到陆前高田市内的一个山丘上。在这里，其他几个临时住所的居民也可以一起来。建筑用地的所有人说，如果是菅原的要求，就可以借给他们用这块地。

2015 年 5 月 24 日下午，菅原来和伊东等建筑师进行商议。因为这个方案由人和人之间的牵绊而产生的，所以陆前高田的“大家的家园”没有烦琐的手续，也没有开不完的会，而是直接对话。

那天早上，刚过 9 点在一之关车站集合的一行人，有伊东、乾、平田、藤本和 山 5 人，以及各事务所的工作人员，还有负责威尼斯建筑双年展日本馆的国际交流基金文化事业部的职员。之后坐上小巴。他们花了将近 2 个小时在山林间穿梭。

小巴越靠近海岸地区，窗外瓦砾残骸的风景就越多。一行人在气仙町今泉的杉林运输出口的地方下车。这里因为二战后的造林热成了森林茂盛的地区。但是现在看杉林，因海啸被盐腐蚀的树木已经从下方开始呈茶色枯萎了。都是有 50 到 100 年树龄的大树。来这里是为了看“大家的家园”修建用的木材。虽然开始枯萎了，但是作为构造体使用是没问题的。作为陆前高田的“大家的家园”的构造体使用的有 19 根，另外 25 根会运到威尼斯，在日本馆展示。十几根杉木已经排列好了。伊东和三位建筑师看着圆形树木的截面交换着意见。当地来协助的伐木工人熊谷秀一比从东京来的任何人都更有精神。

再次坐上小巴，朝着建筑用地出发。因为海啸，路边的建筑都没有了，巴士的司机一直在抱怨不知道该在哪里转弯。以旷野北边的山丘为路标，朝那边开去。

山丘上，菅原在等大家。在这里已经建好了几座建筑物。现在由菅原的儿子掌管的地板店应该是这附近唯一的新建筑了。在停了几辆车的停车场旁边，是集装箱式的简易澡堂。因为说要扔掉，所以菅原就把它移动到这里。旁边的休息场所正在建设中，稍微上岁数一些的男性正在施工。帐篷就是菅原的元气屋。这里面有 15 名妇女正在进行编制工作。她们是和菅原一起经历了 5 个月避难所生活的伙伴。菅原之后还要开设食堂、咖啡厅，让人们来这里工作。

陆前高田的“大家的家园”外观是三层的塔状建筑，外面有螺旋上升的楼梯，顶层是可以瞭望平野的瞭望台。

乾、平田、藤本，这三名风格完全不同的建筑师，这几个月为了得出一个大家都认同的意见，制作了 120 多个的模型。共同设计使用的方法是，一个人提出方案另一个人修改，再加入提案中，但是在回到“建筑的原点”这个课题上，不像伊东那样投入其中，这三人被各自的杂念影响，徒劳无功地忙着。尝试从灾民的角度，在摆放救灾物资的场所的屋檐下创造一个空间，尝试把陆前高田的人们每天看到的海景引入家中，还尝试把“网格”加入其

中，却还是无法将其归纳到一起。并且从根本上来说，真的能够这样突然改变自己吗？或者说需要这样改变吗？伊东推荐的人字形屋檐真的有必要吗？这样的疑问一直存在于三人的心底。

菅原把大家带到这个山丘的时候是 2012 年新年，极冷的一天。在这里能够远远守望在平野中重建事宜，这是把记忆和希望合二为一的地方。菅原说："灾民们，即使白天看起来很开朗，但是到了晚上都在哭。我也有这样的时期。但是，好不容易活了下来，希望大家可以坚强地生活。"在这里建造"大家的家园"，没有地方可去的年龄稍大的男性也可以来，希望这里可以变成大家聚集的地方。

来看过这个山丘之后，三人悬着的一颗心终于放下了。之后，他们就决定用当地的杉木建造一个高台似的向上延伸的建筑。今天终于确定了最终方案，向菅原进行详细说明。非常喜欢大型工事的菅原对这个方案很认可。用杉木建造出的"大家的家园"一定可以变成一个充满力量的地方，菅原对此深信不疑。

在大家站着继续开会的时间里，　山来到旷野中，架起大的三脚架拍摄风景。在威尼斯建筑双年展中，　山拍摄的照片被贴在四面长 25 米的墙上，这个风景也以全景立体图的形式展现给大家。自己家乡的风景，　山是以怎样的心情拍摄的呢？

"即使被说你要向前看，但是现在的自己还是做不到"　山这样说。即使说，向前看，大家一起来努力，但是真的吗？因为有人死了，而自己还活着。不管再怎么说乡愁，但是不考虑死者，只考虑城市，这种事情还是做不到。

所以　山说："我是被动接受威尼斯建筑双年展的。"和自己的过去诀别，他在这一点上和伊东是不同的。而且，建筑是寻求建造新的东西，而照片却是记录过去。"所以，我总是面向后面走着。"把相机面向后面摆着，但是还是艰难向前。"但是只有我在，是不是也很可怕呢？因为我是类似于证人

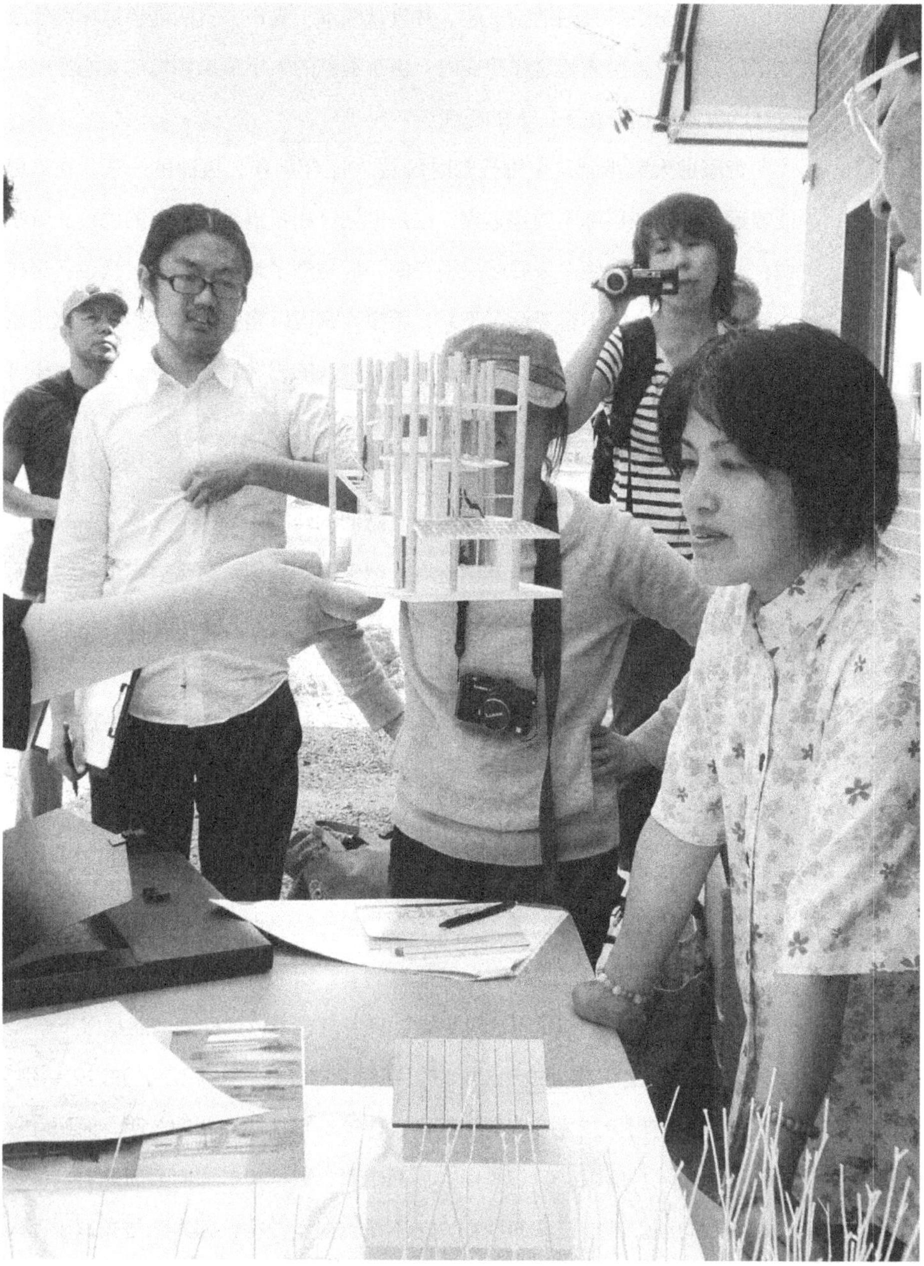

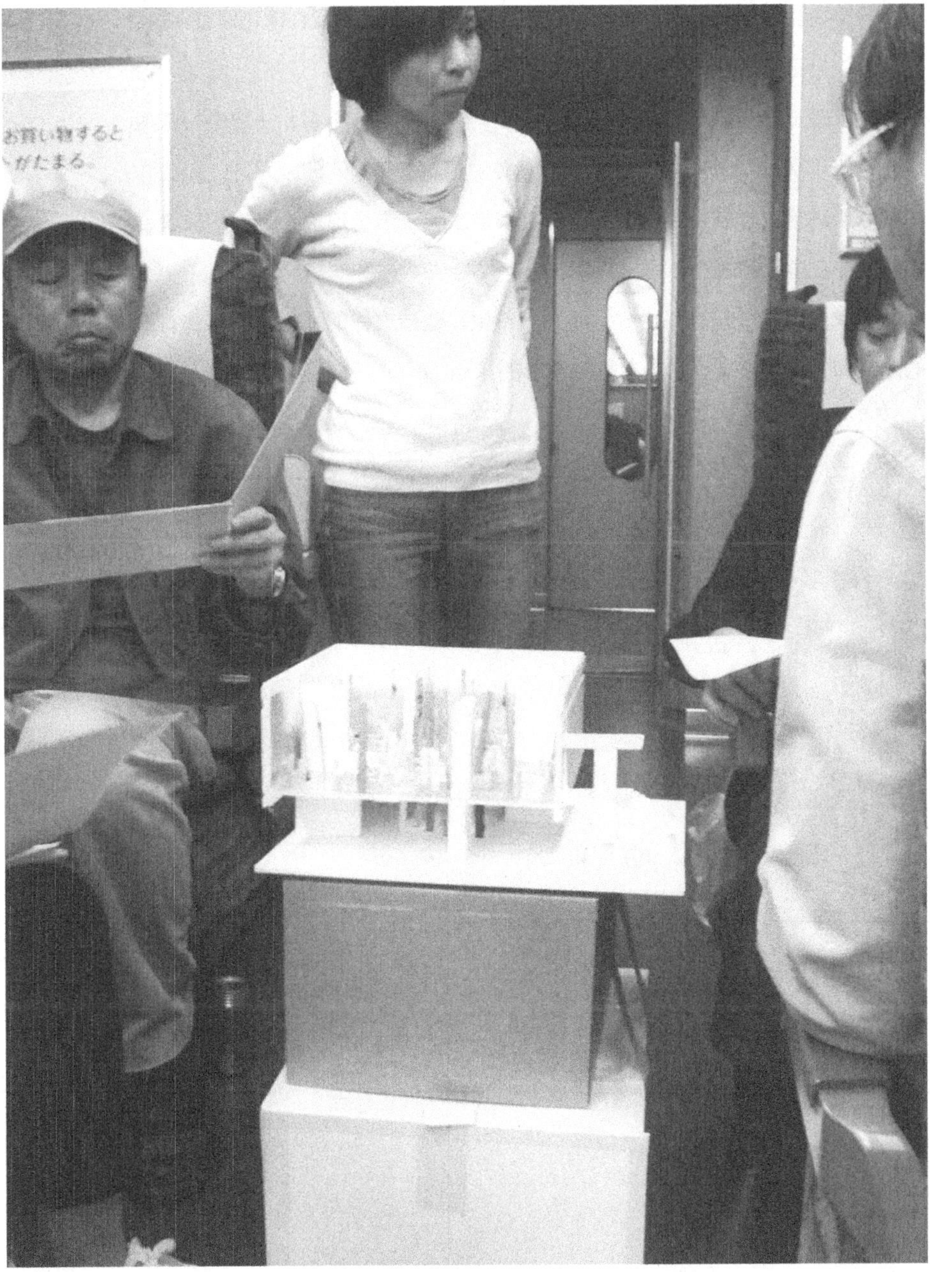
お買い物すると
がたまる。

一样的存在。这里发生的事情，不是梦而是真实的，只要我在就可以证明。”但是，让自己担任这样的角色，　山是同意的。

晚上踏上归途的一行人，在新干线上一边喝啤酒吃小菜，一边进行威尼斯建筑双年展的展示方法的会议。在现实中建造出“大家的家园”，和让它在威尼斯建筑双年展中展示，这是两个事情。关于这个建筑物诞生的故事，如何才能在意大利顺利传达出来呢？

大家聚集在一起，开始对生活充满希望，建造这样的地方。和形式有关的建筑师，伊东丰雄现在正在挑战无形的东西。

后 记

第一次见到伊东，是在1984年的7月，伊东自己的家“银色小屋”揭幕的这一天。按照习俗，有捣年糕的活动，好几位认识的人都去中野本町拜访。

手边有那时拍摄的一张照片。照片中不是银色小屋，而是比银色小屋早8年的，伊东设计的建筑“中野本町之家”，别称“White U”的内部。几位参观者被伊东领着前往旁边的“中野本町之家”参观。

U形的白色墙壁，哪里是餐厅，哪里是起居室，没有界线，好像隧道一样。作为体现伊东实验思想的实际建筑作品，不止是在日本国内，在国外也很瞩目。和轻便开放的银色小屋相反，中野本町之家是像洞穴一样封闭的白色住所。

很难理解这两种建筑会是同一个建筑师设计的，最初见到的伊东也很难让人理解。照片中的伊东头发留在耳朵之下，穿着不合身的衬衣以及阔腿裤，指着床上的照明器具说着什么。给人留下神经质建筑师的印象。

那之后20年，伊东经过多次脱胎换骨。而这其中的大多数我都没有看到。伊东是从想象中建造建筑的，但我依然没有发现他想象的源泉在哪里。不管到什么时候，伊东都是一个让人难以理解的人。伊东已经超过了我这种无论什么都想要从理论上来总结的人的理解范围。

但是，非常执着的东西，和完全不执着的东西巧妙地混合在一起，保护自己内心中非常重要的东西，对于这一点稍微可以理解了。那就是自由，也可以说是自在。而这种自在是经过日本一直以来的建筑和评论，还有争论等之后才到达的，这一点我完全不知道。可能需要教我某些非常精密的东西才行吧。

在写这本观察记的时候，以下各位在百忙之中抽出时间，教会了我很多不知道的事情，还有关于建筑的思考方式。

新谷真人、安东阳子、石田敏明、石田保夫、大井清嗣、贝岛桃代、菊竹清训、黑川纪章、佐佐木睦朗、泽村圭介、筱崎健一、下河边淳、铃木明、须藤玲子、妹岛和世、曾我部昌史、多木浩二、竹内申一、塚本由晴、寺田真理子、原义孝、平田晃久、细谷浩美、松永安光、森本常雄、八束一、柳泽润、山田浩、山本理显、横沟诚、Edmund Cheng、Eduardo Godoy、Luciano Marson、Erica Marson（以上排名不分先后）。当然，还有伊东丰雄和他的职员。

还有 TOTO 出版社的清水荣江、若松绘无、筏久美子三位编辑，他们也给予了我很多建议，支持我完成这次的写作。

ASYL 设计公司的佐藤直树教会了我书籍设计的思考方式，还有石田秀树，为了这本书做了很多工作。

我从心底对大家表示感谢。

泷口范子

2006 年 1 月 28 日于关西

文库版后记

文库版《建筑师伊东丰雄观察记》是在日本建筑界直面巨大变化的时期出版的。

单行本出版之后，伊东遇到了很多事情。自己的事务所迎来了创立 40 周年。另一方面，自己的恩师菊竹清训，还有年轻时进行争论的评论家多木浩二都去世了。和菊竹一起在二战后引领新陈代谢派的黑川纪章也去世了。可以很清楚地感到，日本建筑界正在更新换代。他的妻子也因病去世。

伊东长年构想的“伊东培训学校”也开始了。不只是年轻建筑师，还和小学生们一起共同思考建筑。在濑户内海的大三岛，今治市伊东丰雄建筑博物馆也落成了。在这里，再现了受世界瞩目的“银色小屋”。中野的宅邸已经消失得无踪了。

但是，伊东自己也没有预想到，现在还需要重新直面，“建筑师到底需要做什么”的问题。为了追寻这个答案，在书中增加了他在灾后重建所做的事情。

不只是建筑，在音乐和艺术，可能在商业中也一样。到目前为止重叠在一起的“个体”和“个性”，现在完全区分开具有各自颜色的体验，在日本出现了。不是“个体”，那是什么呢？既是“个体”，又要超越“个体”要怎么办呢？伊东自身，在复兴的工作和普通工作之间存在的鸿沟没法解决。但是，毫无疑问的是，伊东在寻找解决这个问题的方法。

在这里没有写到的，还有伊东的另一个提议。那就是，以安全为理由，单纯地把人们赶向高台真的正确吗？极度重视安全，同时加入人们的回忆和生活，安心又美丽的重建做不到吗？如果不诉诸建筑师自身沉淀的文化，是无法回答的吧。

大灾害给社会造成了巨大的裂痕。但是，这种裂痕同时也是打开新的可能的大门。伊东寻求新建筑的方法，要跨越这个裂痕。

文库版也受到了很多人的帮助。伊东事务所和伊东培训学校的工作人员、仙台宫城野区福田町南临时住宅的各位居民、 山直哉、菅原美纪子。这里向他们表示感谢。

另外，筑摩书房的负责编辑小船井健一郎，在文库本出版的时候提出了很多建设性的意见。在文库本的设计上也得到了 ASYL 设计公司的帮助，在此表示感谢。

泷口范子

2012 年 8 月 1 日 于旧金山

资料来源

[1]*Under Construction*, 龟山直哉、伊东丰雄，建筑资料研究社，2001 年

[2]《生机勃勃的家》，多木浩二 , 青土社，1993 年

[3]*The Wall Street Journal*，1999 年 2 月 3 日

[4]*A+U*， 2004 年 5 月

[5]*A+U* ，2005 年 6 月

[6]*SD*，鹿岛出版会，1986 年 9 月

[7]*El croquis NO.123 Toyo Ito*， EL croquis editorial，2004 年

[8]《风的变样体》，伊东丰雄，青土社，1989 年

[9]《建筑、非线形的事件》，伊东丰雄建筑设计事务所编著，彰国社，2001 年

[10]*Serpentine Gallery Pavilion 2002：Toyo Ito with Arup*，伊东丰雄、塞西尔 · 巴尔蒙德，建筑都市研究会，2002 年

[11]《锈迹染色研究会》，大社町二十一世纪文库，2001 年

[12]*JA*，新建筑社，2001 年春

[13]《住宅论》筱原一男，鹿岛出版会，1970 年

[14]《新建筑》，新建筑社，1966 年 4 月

[15]《新建筑》，新建筑社，1979 年 9 月

[16]《新建筑》，新建筑社，1979 年 10 月

[17]《新建筑别册 日本现代建筑家系列 12 伊东丰雄》，新建筑社，1988 年

[18]《仙台媒体中心概念书》，仙台媒体中心项目组编，NTT 出版，2001 年

[19]《透层建筑》伊东丰雄，青土社，2000 年

[20]《都市住宅》，鹿岛出版会，1971 年 11 月

[21]《富弘美术馆——Tomihiro Art Museum：Makoto Yokomizo》，横沟诚，建筑都市研究会，2005 年

[22]*Toyo Ito Made In Italy*，Museo Nacional de Bellas Artes，2005 年

[23]《中野本町之家》，后藤畅子，住宅图书馆出版局，1998 年

[24]《日经建筑家》，日经 BP 社，2003 年 3 月 4 日

[25]《日经商务》，日经 BP 社，2004 年 6 月 28 日

[26]*Flux Structure*，佐佐木睦朗，TOTO 出版，2005 年

[27]《PLOT 03 伊东丰雄》，AD A EDITATokyo，2003 年

[28]*Pen*，阪急交流，2003 年 1 月

[29]*Pen* ，阪急交流，2004 年 6 月 15 日

[30]《新陈代谢》，八束初、吉松秀树，INAX 出版，1997 年

图书在版编目（CIP）数据

建筑师伊东丰雄观察记 /（日）泷口范子著 ；郝皓译 . -- 南京 ：江苏凤凰科学技术出版社，2018.3
ISBN 978-7-5537-8995-8

Ⅰ . ①建… Ⅱ . ①泷… ②郝… Ⅲ . ①伊东丰雄－生平事迹 Ⅳ . ① K833.136.16

中国版本图书馆 CIP 数据核字 (2018) 第 020540 号

江苏省版权局著作权合同登记　图字：10-2017-327 号
NIHONNOKENCHIKUKA ITOTOYO · KANSATSUKI
Copyright © Noriko Takiguchi 2012
The original edition was first published in Japan in 2006 by TOTO Ltd.
and a revised-paperback edition was published by CHIKUMASHOBO LTD. in 2012.
Chinese translation rights in simplified characters arranged with CHIKUMASHOBO LTD.
through Japan UNI Agency, Inc., Tokyo

建筑师伊东丰雄观察记

著　　者	[日] 泷口范子
译　　者	郝　皓
项目策划	凤凰空间 / 陈舒婷
责任编辑	刘屹立　赵　研
特约编辑	陈丽新
出版发行	江苏凤凰科学技术出版社
出版社地址	南京市湖南路 1 号 A 楼，邮编：210009
出版社网址	http://www.pspress.cn
总　经　销	天津凤凰空间文化传媒有限公司
总经销网址	http://www.ifengspace.cn
印　　刷	北京建宏印刷有限公司
开　　本	710 mm×1 000 mm　1/16
印　　张	14
字　　数	179 200
版　　次	2018 年 3 月第 1 版
印　　次	2024 年 10 月第 2 次印刷
标准书号	ISBN 978-7-5537-8995-8
定　　价	58.00 元

图书如有印装质量问题，可随时向销售部调换（电话：022-87893668）。